AI와 넥스트 미디어

AI문고

인공지능 시대입니다. 기계가 인간의 인지를 대신하고, 사물이 인간을 통하지 않고 다른 사물과 직접 커뮤니케이션합니다. 이에 따른 인간 삶과 문명 변화를 정확히 이해 · 예측 · 대응하는 것은 이 시대 우리 모두의 과제입니다. AI문고는 인공지능 기술과 환경의 여러 주제를 10가지 키워드로 정리합니다. 관련 개념과 이론, 학계와 산업계의 쟁점, 우리 일상의 변화를 다룹니다. 인간과 기술의 현재, 미래를 세심히 분석합니다.

일러두기

- 인명, 작품명, 저서명, 개념어 등은 한글과 함께 괄호 안에 해당 국가의 원어를 병기했습니다.
- 외래어 표기는 현행 어문규정의 외래어표기법을 따랐습니다.

처음이세요?

전문가세요?

AI와 넥스트 미디어

박인수

대한민국, 서울, 커뮤니케이션북스, 2025

AI와 넥스트 미디어

지은이 박인수
펴낸이 박영률

초판 1쇄 펴낸날 2025년 4월 18일

커뮤니케이션북스(주)
출판 등록 2007년 8월 17일 제313-2007-000166호
02880 서울시 성북구 성북로 5-11
전화(02) 7474 001, 팩스(02) 736 5047
commbooks@commbooks.com
www.commbooks.com

ISBN 979-11-430-0057-6 03500

책값은 뒤표지에 표시되어 있습니다.

차례

AI와 신의 결합, 넥스트 미디어로의 진화

기술이 인간을 이해하는 순간, 우리는 선택하는 존재에서 예측되는 존재로 변한다.

미래, 더 지능적이고 완벽해진 인공지능 시대를 상상하며 AI와 신(Scene)이 함께 창조하는 넥스트 미디어의 미래를 한 편의 시나리오로 그려본다.

2035년 어느 날 저녁

퇴근 후 집에 들어서자마자 지친 몸을 소파에 던진다. 무거운 하루의 피로가 어깨에 내려앉은 채, 무의식적으로 넷플릭스를 켠다. 그런데 그 순간, 화면 속 인공지능이 부드럽고 다정한 목소리로 말을 건넨다.

"오늘 하루 정말 수고 많으셨네요. 출근길 교통 체증부터 강의에 끝없는 회의까지, 참 힘든 하루였죠? 고객님의 피로가 화면 너머로도 느껴집니다."

잠깐 멍하니 화면을 바라본다. 이게 무슨 상황이지? 그런데 AI는 멈추지 않는다.

"그래서 저희가 준비했어요. 오늘 하루 스트레스를 한 방에 날려줄 맞춤형 콘텐츠!"

화면에 박 교수가 좋아하는 프랑스 코미디 영화 리스트가 뜬다. 과거에 즐겨본 영화와 비슷한 취향이지만 아직 본 적 없는 신선한 추천들. 심지어 제목 하나하나에 나의 취향을 저격하는 설명까지 덧붙여져 있다.

"고객님이 웃으실 때까지 저희는 멈추지 않습니다. 이 리스트는 100% 당신만을 위해 큐레이션된 콘텐츠입니다. 자, 이제 편하게 앉아서 즐기세요. 오늘의 피로는 저희가 책임지고 날려드립니다."

순간, 화면 속 AI가 진짜 사람처럼 느껴진다. 단순한 추천 알고리즘을 넘어, 내 기분과 하루의 피로도까지 읽어내는 이 존재. 이쯤 되면 '진짜' 인공지능과 함께하고 있는 게 아닐까?

2035년, 우리는 더 이상 스크롤을 내리지 않는다. 우리가 원하는 것을 이미 알고 있는 AI가, 우리가 필요로 하는 순간, 정확히 그것을 제공해 주는 세상. 이건 단순한 기술 진보가 아니다. 이것은, 리얼 인공지능이다.

"이제는 내가 넷플릭스를 찾는 게 아니라, 넷플릭스가 나를 찾는다."

2035년의 저녁은 그렇게 AI와 함께 시작된다.

학생의 "빅퀘스천"에서 출발하다

이 책은 저자가 재직 중인 대학에서 한 학생과의 의미 있는 대화에서 시작되었다. 영상 편집에 뛰어난 재능을 가진 3학년생, 성실하고 열정적이던 그가 어느 날 상담을 요청했다.

"인공지능이 결국 제 전공을 대체하지 않을까요?"

그의 얼굴엔 흥미를 잃은 듯한 쓸쓸함과 걱정이 묻어났다. 지금까지의 노력이 헛될까 봐 두려워하는 눈빛. 그 순간, 이 고민이 비단 그만의 이야기가 아닌 우리 모두가 마주한 질문임을 깨달았다. 나 또한 괜찮을까?

그 상담 이후, 인공지능이란 과연 무엇이며, 현재, 그리고 미래의 영상인들이 반드시 알아야 할 것은 무엇인지 깊이 탐구해야겠다는 강한 책임감과 필요성을 느꼈다.

현재 영상 분야에 종사하는 프로부터 학생, 창작과 기술의 경계에서 고민하는 이들까지, AI가 위협이 아닌 기회가 될 수 있음을 전하고 싶었다. AI가 미디어와 창작에 가져올 변화의 본질을 이해하고, 그것을 어떻게 활용해야 할지를 고민하게 만드는 책을 써야겠다는 결심이 바로 그날 내 마음에 자리 잡았다. 이 책은 두려움을 해소하려는 마음에서 출발했지만, 결국은 가능성과 창의성, 그리고 인간의 역할에 관한 이야기로 진화할 것이다. 그날의 대화는 나에게도 큰 전환점이 되었고, 질문을 던진 학생뿐만 아니라, 같은 고민을 하는 모든 사람에게 이 책이 미래에 대한 통찰력과 강렬한 영감을 줄 수 있기를 바란다.

인공지능은 도대체 무엇인가?

인공지능은 패턴을 찾아 인간의 창의성과 가능성을 증폭시키는 도구이며, 그 가치는 결국 인간이 어떻게 활용하느냐에 달려 있다.

지금, 이 순간, "인공지능이란 무엇인가?"라는 질문에 명쾌하게 답할 수 있는 사람이 과연 얼마나 될까? 나 자신도 오랜 시간 고민했지만 쉽게 정의를 내리기 어려웠다. 이 질문을 친한 직장 동료에게 건넸을 때, 그는 약 5초간 깊은 침묵 속에 잠기더니 이내 고개를 저었다. 그 짧은 멈춤은 이 질문이 품고 있는 복잡한 본질을 다시금 깨닫게 해주는 순간이었다.

최근 이 책을 준비하며, 나는 한빛미디어 박태웅 의장의 저서와 동영상 강좌를 통해 인공지능에 관한 탐구를 지속하고 있었다. 2024년 12월, 여느 때처럼 유튜브 동영상을 보던 중 문득 인공지능에 대해 나만의 정의를 발견한 듯한 순간을 경험했다. 박 의장은 강의에서 인공지능의 원리를 설명하며 이렇게 말했다. "인공지능이 가장 잘하는 일은 잠재된 패턴을 찾는 기술이다"라는 것이다. 이 말은 단순하지만 강렬한 통찰을 담고 있었다. 우리의 세상은 무수한 패턴으로 이루어져 있고, 인공지능은 이를 분석해 우리가 미처 보지 못한 가능성을 드러낸다. 영상 제작 역시 예외가 아니다. 이미 AI는 색보정, 장면 전환, 영상 편집 자동화, 심지어 스토리보드 기획까지 다양한 영역에서 활용되고 있다. 몇 시간씩 걸리던 컷 편집이 몇 분 만에 이루어지고, 데이터 분석을 통해 관객이 선호할 영상 스타일을 예측할 수도 있다. 하지만 여기서 중요한 점이 있다. 박 의장이 강조했듯, 인공지능은 '증폭의 역할'을 할 뿐, 창작의 본질을 대신할 수는 없다.

AI에 관한 공부를 하던 중 문득 이런 생각이 들었다. 인공지능은 마치 현미경과 같다. 우리가 놓치던 디테일을 찾아주고, 새로운 가능성을 제시하지만, 결국 그 도구를 활용해 의미 있는 작품을 만들어 내는 것은 창작자의 몫이라는 것 말이다. 돌이켜보면, 나 역시 비슷한 경험을 한 적이 있다. 처음 영상 편집 소프트웨어를 접했을 때, 수많은 기능과 도구가 눈앞에 펼쳐졌지만, 그것들이 스스로 작품을 만들어 주지는 않았다. 컷 편집, 색 보정, 효과 적용, 이 모든 과정은 도구가 아니라 나의 선택과 의도에서 비롯되었다. 창작의 방향을 설정하고, 기술의 가능성을 활용했을 때 비로소 의미 있는 결과물이 탄생했다. 인공지능 역시 다르지 않다. 그것은 창의력과 통찰력을 증폭시키는 역할을 할 뿐, 스스로 예술을 만들지 못한다.

최근 AI 기술이 영상 제작과 편집에 적극적으로 활용되고 있다. AI 기반 자동 편집, 신(scene) 디텍션, 색보정 추천, 음성텍스트 변환까지 복잡한 작업이 점점 더 효율적으로 변하고 있다. 몇 시간씩 걸리던 편집 작업이 단 몇 분 만에 가능해지고, 영상의 분위기를 분석해 최적의 색감을 제안하는 기능도 등장했다. 하지만 여기서 중요한 것은, 이러한 기술이 창작의 대체재가 아닌 협업적 도구라는 점이다. 나는 박태웅 의장의 강의를 보며 한 가지 질문을 떠올렸다. "인공지능이 패턴을 찾는다면, 인간은 무엇을 찾는가?" AI는 방대한 데이터를 분석해 최적의 컷을 제안할 수 있지만, 그 영상이 담아야 할 감정과 메시지는 인간만이 결정할 수 있다. 우리는 단순히 패턴을 발견하는 것이 아니라, 그 안에 맥락과 의미를 부여한다. 영상 제작이 단순한 기술의 조합이 아니라, 이야기를 전달하는 과정이라면, 인공지능은 단순한 편집자가 아니라 창작자의 도구로서 역할을 해야 한다.

이제 인공지능은 우리 삶과 창작의 영역에 깊숙이 스며들고 있다. 하지만 나는 그것을 두려움이 아니라 가능성의 관점에서 바라보고 싶다. AI는 영상 제작에서 반복적이고 기술적인 작업을 줄여줌으로써, 우리가 보다 창의적인 부분에 집중할 수 있도록 돕는다. 하지만 그 방향을 정의하는 것은 어디까지나 인간의 몫이다. 우리는 도구에 의해 결정되는 존재가 아니라, 도구를 통해 스스로의 가치를 재정립하는 존재임을 잊어서는 안 된다. 결국,

내가 내린 결론은 단순하다. "인공지능은 인간이 더 나아갈 수 있도록 돕는 확장된 도구이자 창작의 파트너다." 그것은 더 깊이 사고하고, 더 넓게 상상하며, 더 정교하게 창조할 기회를 제공한다. 하지만 그 모든 가능성의 시작과 완성은 결국 창작자의 손과 마음에 달려 있다. 이 생각은 단순한 기술적 정의를 넘어, 우리가 인공지능과 함께 어떻게 살아가고, 무엇을 창조해 나갈 것인가에 대한 본질적인 질문을 던진다. 우리는 지금 무한한 가능성의 문 앞에 서 있다. 이 도구를 통해 어떤 이야기를 만들 것인가? 그 답은 언제나 우리에게 있다.

넥스트 미디어 4대 키워드: 개인화, 몰입감, 자동화, 글로벌화

미래의 미디어는 AI와 기술 발전을 기반으로 개인화, 몰입감, 자동화, 글로벌화의 네 가지 핵심 축을 중심으로 진화하며, 이는 맞춤형 콘텐츠 제공, 실감형 경험, 효율적 제작, 그리고 언어 장벽 없는 글로벌 확산을 가능하게 할 것이다.

다가오는 미래, 기존의 레거시 미디어와 뉴미디어는 점점 더 개인화된 형태로 진화할 것이다. 앞으로 10년 안에 미디어 산업은 네 가지 핵심 축, 즉 개인화, 몰입감,

자동화, 글로벌화를 중심으로 변화할 가능성이 크다. 이는 AI의 발전과 새로운 기술적 환경이 결합하면서 미디어의 모습이 어떻게 재편될지 보여주는 중요한 키워드가 될 것이다.

첫 번째 핵심 요소인 개인화는 사용자의 취향과 행동 패턴을 분석하여 맞춤형 콘텐츠를 제공하는 방향으로 발전하고 있다. 기존의 한 방향적 미디어 소비 방식에서 벗어나, AI가 실시간으로 사용자의 관심사를 파악하고 최적화된 콘텐츠를 추천하는 방식이 보편화될 것이다. 이를 통해 각 개인은 자신만을 위한 독창적이고 차별화된 미디어 경험을 누릴 수 있으며, 소비자와 콘텐츠 간의 연결은 더욱 강력해질 것이다.

두 번째 요소인 몰입감은 단순한 시청을 넘어, 사용자가 콘텐츠 속에서 직접 경험하고 참여하는 차원으로 발전하고 있다. VR(가상현실), AR(증강현실), XR(확장현실) 기술이 빠르게 발전하며, 미디어 소비 방식은 더욱 실감 나는 형태로 변화하고 있다. 이러한 기술은 사용자와 콘텐츠 사이의 경계를 허물고, 현실과 가상이 결합한 새로운 경험을 창출함으로써 기존의 영상 콘텐츠를 넘어선 차세대 미디어 환경을 만들어가고 있다.

세 번째 요소인 자동화는 AI 기술을 활용하여 콘텐츠

의 제작과 유통 과정을 획기적으로 효율화하는 것을 의미한다. AI는 단순한 추천 시스템을 넘어, 콘텐츠의 기획, 제작, 편집까지도 수행할 수 있는 수준에 도달하고 있다. 이제 창작자는 AI의 도움을 받아 더 창의적인 작업에 집중할 수 있으며, 자동화된 시스템은 빠르게 변화하는 미디어 환경 속에서도 지속적인 콘텐츠 공급을 가능하게 한다. 이는 미디어 산업의 생산성과 접근성을 혁신적으로 향상시키는 핵심 요소가 될 것이다.

마지막으로 글로벌화는 AI 기술과 함께 콘텐츠의 경계를 허물며, 문화와 언어의 장벽을 낮추는 데 기여하고 있다. AI 기반 번역 및 자막 생성 기술의 발전으로, 특정 지역에서 제작된 콘텐츠가 전 세계 사용자들에게 실시간으로 전달될 수 있다. 예를 들어, 아시아의 크리에이터가 만든 영상이 유럽, 아프리카, 남미의 시청자들에게 언어 장벽 없이 공유되며, 이는 단순한 콘텐츠 소비를 넘어 다양한 문화 사이의 교류를 촉진하는 역할을 한다. 미디어는 이제 단순한 오락을 넘어, 문화적 연결 고리이자 글로벌 커뮤니케이션의 핵심 요소로 자리 잡아가고 있다.

이처럼 개인화, 몰입감, 자동화, 글로벌화라는 네 가지 핵심 요소는 AI와 결합하여 미래의 미디어 산업의 방향을 결정하는 중요한 축이 될 것이다. 이러한 변화 속에서 우리는 미디어가 단순한 정보 전달 수단을 넘어, 더욱 깊은 경험과 연결을 창출하는 도구로 진화하는 과정을 목격하게 될 것이다.

넥스트 미디어의 방향성: 감동의 콘텐츠

미래의 미디어는 초 개인화된 콘텐츠 시대를 열겠지만, 진정한 감동과 울림은 여전히 인간만이 창조할 수 있는 고유한 가치로 남을 것이다.

미래의 넥스트 미디어 시대에는 개인화된 영상 콘텐츠의 생산과 소비가 기하급수적으로 증가하며, 전례 없는 규모의 콘텐츠 폭증 현상이 일어날 것이다. 지금까지 미래의 미디어가 어떻게 진화하게 될지를 논의해 보았다. 그렇다면 초 개인화된 영상 콘텐츠의 제작과 소비가 넘쳐나는 세상에서 영상 콘텐츠의 내용, 즉 방향을 어떻게 잡아야 할지 고민해보자.

알고리즘은 우리의 취향을 분석해 우리가 원하는 순간에, 우리가 원하는 형식으로, 우리가 원하는 콘텐츠를 제공하게 될 것이다. 영화든 드라마든 뉴스든 교육 콘텐츠든, 손끝에서 창조되는 콘텐츠는 나만의 세상처럼 느껴질 것이다. 그러나 이렇게 완벽하게 맞춤화된 콘텐츠가 정말 우리를 만족시켜줄까? 아니면 우리 마음 한구석에 뭔가 중요한 것을 잃어버린 듯한 공허함을 남길까?

개인 맞춤형 콘텐츠의 이면

오늘날, 우리는 이미 개인화의 세계에 깊숙이 발을 들여놓았다. 유튜브는 시청 이력을 바탕으로 당신이 좋아할 만한 영상을 제안하고, 넷플릭스는 당신의 취향에 맞춘 추천 목록을 만든다. 미래의 미디어는 이 경향을 극대화하여, 초, 분 단위의 하이라이트부터 시간 단위의 감동적인 대서사 영상까지, 개인화된 러닝타임과 스토리로 재구성된 콘텐츠를 제공하게 될 것이다. 마치 나를 위해 맞춤 제작된 영화처럼 보일 것이다.

하지만 한 가지 의문이 든다. 우리가 항상 즐거움만을 추구하며 콘텐츠를 소비할 때, 그 끝은 어디로 이어질까? 무한한 재미는 결국 일종의 무감각을 가져오고, 재미의 끝에는 피로감이 찾아온다. 무엇이 빠졌기 때문일까? 그것은 바로 감동이다. 우리가 원하는 것은 단지 마음을 잠시 즐겁게 하는 콘텐츠가 아닌 가슴 깊이 울림을 주는 경험이 아닐까?

인간만의 특권, 감동

인공지능이 점점 더 인간다워지고 있다. AI는 텍스트를 작성하고, 그림을 그리며, 음악을 작곡할 수 있다. 심지어 사람의 감정을 읽어내고, 그것에 반응하는 시스템도 개발되고 있다. 하지만 다수의 인공지능 전문가나 학자들은 인공지능은 인간이 할 수 있는 모든 것을 가능하게 한다고 한다. 그럼에도 진정한 감동은 여전히 인간만이 깊이 느끼고 만들어낼 수 있는 영역으로 남을지 모른다고 생각한다.

감동은 단순한 데이터의 조합에서 나오는 것이 아니다. 그것은 우리가 가진 삶의 경험, 공감의 능력, 그리고 인간적 깊이에서 비롯된다. 눈물을 짓게 하는 영화, 가슴을 뛰게 하는 드라마, 한 줄의 대사에 담긴 묵직한 메시지—이 모든 것은 인간의 이야기와 정서가 녹아 있기에 가능했다. 미래의 콘텐츠 크리에이터들은 이 점을 간과해서는 안 된다. 인공지능이 인간의 능력에 미치지 못하는 단 한 가지가 있다면, 그것은 바로 우리 마음을 움직이는 진정한 울림일 것이다.

감동을 잊지 않는 미래

미래의 미디어 환경은 상상할 수 없을 만큼 혁신적일 것이다. 장소와 기기의 한계를 넘어, 원하는 시간에 원하는 콘텐츠를 스트리밍할 수 있는 세상이 펼쳐질 것이다. 알고리즘은 우리의 삶을 더 편리하게 만들겠지만, 편리함만으로는 인간다운 삶을 완성할 수 없다. 우리는 여전히 감동을 느끼며 살아야 한다. 그것이 인간다운 삶의 본질이기 때문이다.

감동은 우리를 인간답게 만드는 특별한 힘이다. 그것은 서로를 이해하고 이야기를 존중하며, 세상에 대한 호기심을 유지하게 한다. 인공지능의 시대가 열리고, AI가 감정을 흉내 내며 인간과 소통하는 능력을 갖추더라도, 감동은 여전히 인간만의 고유한 특권처럼 느껴진다. 알고리즘이 개인 맞춤형 콘텐츠를 실시간으로 스트리밍하고, 장소와 기기의 한계를 초월한 세상이 오더라도 우리는 여전히 웃고, 울고, 감탄하고, 감동을 느끼는 존재로 살아가야 한다. 그 감정이야말로 우리가 진정으로 인간임을 증명하는 자연스러운 일이 아니겠는가?

참고문헌

강정수(2024). 『AI 에이전트시대 경제의 주인이 바뀐다』. 더스퀘어.
김상균(2024). 『AI × 인간지능의 시대』. 베가북스.
김재인(2023). 『AI 빅뱅』. 동아시아.
박태웅(2023). 『박태웅의 AI 강의』. 한빛비즈.

신성권 외(2022). 『4차 산업혁명과 인공지능』. 팬덤북스.
유세문 · 정석현(2024). 『AI와 영상 제작』. 커뮤니케이션북스.
정동훈(2021). 『인공지능, 너 때는 말이야』. 넥서스.
최재붕(2024). 『AI 사피엔스: 전혀 다른 세상의 인류』. 쌤앤파커스.
베리티 하딩(2024). 『왜 AI에겐 우리가 필요한가』. 에코리브르.
유발 하라리(2024). 『넥서스』. 김영사.
장 자크 루소(2024). 『에밀』, 돋을새김.
헨리 키신저 외(2023). 『AI 이후의 세계』. 월북.

01
넥스트 미디어의 진화: AI와 신의 만남

AI와 신의 결합이 미디어의 한계를 뛰어넘어, 지능적 혁신과 몰입형 현실 확장을 이끌고 있다. 이 두 요소가 만나서 미디어는 소비를 넘어 사용자가 직접 참여하고 창조하는 공간으로 진화 중이다. 개인화, 몰입감, 자동화, 글로벌화를 기반으로 넥스트 미디어는 모든 사람을 콘텐츠의 중심에 두며, 상상 이상의 미래를 열어가고 있다.

AI와 1인 창업?

AI와 신(Scene), 미디어의 새로운 혁명

AI는 더 이상 도구가 아니라, 보이지 않는 시선으로 세상을 기록하고 재구성하는 보이지 않는 창작자가 되었다.

어느 날, 나는 평소처럼 온라인 뉴스를 읽고 있었다. 그런데 갑자기 이런 생각이 들었다. "이 기사는 정말 기자가 쓴 걸까?" 너무나 자연스럽고 논리적인 기사였지만, 알고 보니 AI가 작성한 것이었다. 순간 소름이 돋았다. AI는 이제 단순한 도구가 아니라, 미디어 산업의 뇌가 되어 가고 있었다.

예전에는 사람이 직접 콘텐츠를 만들고, 독자들은 그것을 소비하기만 했다. 하지만 AI는 이런 방식을 완전히 바꿔놓았다. 데이터를 기반으로 콘텐츠를 자동으로 생성하고, 사용자의 취향을 분석해 맞춤형 정보를 제공하며, 실시간으로 상호작용하는 미디어 환경을 만들어 내고 있다.

AI가 콘텐츠 제작을 어떻게 바꾸고 있을까?

AI는 더 이상 단순한 응답자가 아니다. 이제는 실시간으로 사용자와 교감하며, 개인화된 이야기를 창조하는 지능적 큐레이터로 진화하고 있다.

얼마 전, 나는 아내와 함께 AI 기반의 글쓰기 도구를 테스트해 본 적이 있다. 우리는 "미래의 교육"이라는 주제로 글을 작성하려고 했다. 그런데 AI가 단 몇 초 만에 우리가 생각지도 못한 방식으로 글을 완성해 버렸다. 흥미로운 것은, AI가 단순히 문장을 나열하는 것이 아니라, 독자가 가장 흥미를 느낄 만한 흐름을 자동으로 만들어 낸다는 점이었다.

이것은 단순한 글쓰기에 그치지 않는다. AI는 소설, 시나리오, 광고 카피, 심지어 음악과 영상까지 자동으로 제작하는 시대를 열었다. 예를 들어, AI 작곡 프로그램인 'AIVA'는 클래식 음악을 만들어 내고, 'Runway' 같은 AI 영상 편집 도구는 몇 초 만에 영상을 완성한다. 내가 평소 몇 시간씩 투자하던 작업이 순식간에 이루어지는 걸 보면서, AI가 단순한 보조 역할을 넘어 창작의 협업자로 자리 잡고 있음을 실감했다.

넷플릭스, 유튜브, 스포티파이… , 내가 좋아하는 걸 어떻게 알고 있을까?

넷플릭스를 보다 보면 "어떻게 이 작품을 추천했지?" 싶을 때가 많다. 마치 내 취향을 꿰뚫고 있는 것 같다. 사실, 이것은 우연이 아니다. AI는 내가 시청한 기록을 분석하고, 내가 좋아할 만한 콘텐츠를 예측하는 강력한 알고리즘을 가지고 있다.

유튜브도 마찬가지다. 몇 년 전, 나는 특정 주제의 다큐멘터리를 한 편 시청했을 뿐인데, 이후 관련 영상이 끝없이 추천되었다. AI는 내가 클릭한 영상, 머무른 시간, 심지어 스크롤하는 패턴까지 분석해 최적의 콘텐츠를 제공한다.

이 시스템 덕분에 우리는 무한한 콘텐츠의 바다에서 길을 잃지 않고 원하는 것을 쉽게 찾을 수 있다. 하지만 동시에, AI가 제시하는 정보에 갇혀 버릴 위험성도 있다. 나와 비슷한 생각을 가진 사람들의 콘텐츠만 소비하게 된다면, 우리는 점점 더 편협한 시각을 갖게 될지도 모른다.

실시간 상호작용, AI가 우리와 대화하는 시대

한번은 AI 챗봇을 활용한 미디어 경험을 해본 적이 있다. 나는 'Replika'라는 AI 챗봇과 대화를 나눠봤는데, 처음에는 단순한 질문에 답하는 정도라고 생각했다. 하지만 대화를 계속할수록 AI는 나의 관심사를 학습하고, 마치 오랜 친구처럼 맞춤형 대화를 제공하기 시작했다.

이제 AI는 단순히 질문에 답하는 것을 넘어 사용자의 감정을 이해하고, 실시간으로 피드백을 반영해 더욱 개인화된 콘텐츠 경험을 제공하고 있다. 예를 들어, 인터랙티브 영화 〈블랙 미러: 밴더스내치〉 처럼 AI가 시청자의 선택에 따라 이야기를 전개시키는 방식도 점점 발전하고 있다.

신, 현실을 초월한 몰입 경험

AI와 XR이 결합된 신(Scene)은 더 이상 이야기의 무대가 아니라, 관객이 서사 속에서 살아가는 새로운 현실이 되고 있다.

몇 달 전, 나는 VR(가상현실)로 만든 다큐멘터리를 체험해 본 적이 있다. 일반적인 다큐멘터리는 화면을 보면서 정보를 얻는 것이 전부지만, 이 VR 다큐멘터리는 나를 이야기 속으로 직접 끌어들였다. 나는 마치 시간 여행을 하듯, 과거의 사건 속에 직접 들어가 있는 기분이었다.

신(Scene)이란 단순한 미디어가 아니라, 우리가 콘텐츠를 '보는 것'을 넘어 직접 '경험'하도록 하는 새로운 패러다임이다. VR, AR(증강현실), MR(혼합현실) 기술을 활용해 우리가 상상했던 것을 현실처럼 체험하게 만드는 것이 바로 신(Scene)의 핵심이다.

최근, 한 영화 제작사가 VR을 활용한 '몰입형 영화'를 선보였다. 관객은 더 이상 단순한 구경꾼이 아니라, 이야기 속에서 실제로 움직이고, 선택하며, 영화의 결말에 영향을 미칠 수 있었다. 이런 경험이 가능해진 것은 AI가 사용자의 반응을 실시간으로 분석하고, 스토리를 동적으로 조정할 수 있는 기술을 발전시켰기 때문이다.

AI와 신의 만남, 미디어의 미래를 열다

AI와 신(Scene)기술의 결합은 데이터를 실시간으로 해석하여, 맞춤형 몰입 경험을 창조하는 새로운 미디어 지평을 열고 있다.

이제 AI와 신(Scene)이 만나 완전히 새로운 형태의 미디어 경험을 만들어가고 있다. AI는 사용자의 데이터를 학습하고, 신(Scene)은 이를 기반으로 개인 맞춤형 몰입형 콘텐츠를 제공한다. 예를 들어, AI가 사용자의 성향을 분석하고, VR 기술을 활용해 각자에게 최적화된 스토리를 실시간으로 생성하는 영상 콘텐츠가 만들어질 수 있다. 이는 단순한 엔터테인먼트를 넘어 교육, 훈련, 커뮤니케이션 등 다양한 분야에서 혁신적인 변화를 가져올 것이다.

미래의 VR 기술로 구현된 "고대 로마 거리 역사 체험" 프로그램은 사용자가 직접 고대 도시를 거닐며 웅장한 건축물을 감상하고, 그 시대의 분위기를 생생하게 느낄 수 있도록 설계될 것이다.

“고대 로마 한복판에 내가?”

VR 헤드셋을 쓰는 순간, 눈앞에 펼쳐진 것은 현재의 내 방이 아니라 기원전 1세기의 로마 거리였다. 따끈따끈한 피자가 아니라 갓 구운 빵 냄새가 코끝을 간질이고, 저 멀리 원형경기장에서는 관중들의 함성이 쩌렁쩌렁 울려 퍼진다. 돌바닥에 발을 딛는 느낌마저 생생하다. 옆을 지나치는 토가를 입은 로마 시민들이 나를 힐끗 쳐다보고, 갑옷을 두른 군인들이 거리를 순찰한다. “이거…, 나 타임머신 탄 거 아니야?” 순간, 헷갈릴 정도의 현실감이 넘쳐 났다.

거리 한복판을 걷다 보면 콜로세움의 웅장함에 숨이 턱 막힌다. 어떻게 이 어마어마한 건축물을 이 시대에 만들었을까 싶어 하늘을 올려다보는데, 갑자기 검투사들이 싸우는 소리가 들려온다. 심장이 벌렁거리는 찰나, VR 속 관중석의 한 시민이 나를 향해 포도주를 흔들며 외친다. “어서 와! 로마는 처음이지?” … 그 순간, 진짜로 고대 로마에 떨어진 듯한 착각에 빠졌다. 이것은 단순한 체험이 아니라 시간을 초월한 진짜 모험이었다.

AI 기반 가상 콘서트는 화면 속 아티스트와 실시간으로 소통하며, 마치 직접 대화하는 듯한 몰입감과 생동감을 선사한다.

"BTS가 나한테 손을 흔든다고?"

AI 기반 가상 콘서트에 접속하는 순간, 나는 홀로 방 안에 있었지만 동시에 수만 명의 팬들과 함께 있는 느낌이었다. 하지만 진짜 소름 돋는 순간은 따로 있었다. 무대 위에서 BTS가 노래를 부르다 말고 갑자기 "저기, 파란 모자 쓴 아미! 오늘 기분 어때?"라고 묻는 순간이었다. 잠깐, 파란 모자? 나 지금 그거 쓰고 있는데? 심장이 쿵 내려앉았다. 화면 속 RM이 환하게 웃으며 손을 흔들었고, 나는 순간적으로 손을 흔들었다. 과연 이게 진짜 현실인지, AI가 만들어낸 가상인지 헷갈릴 정도로 생생했다.

노래가 끝난 후 팬들의 함성 소리가 들리는데, 그 소리조차 내가 내는 소리와 섞여 실시간으로 반응하는 느낌이었다. "어떤 노래 듣고 싶어?"라는 질문에 팬들이 댓글을 달면, AI는 그중 가장 많이 언급된 곡을 선택해 BTS가 바로 무대에서 불러준다. 심지어 멤버들이 팬들의 요청에 따라 무대 위에서 장난도 치고, 눈을 맞추며 대화하는 듯한 제스처까지! 이건 단순한 콘서트가 아니라, 내가 직접 참여하는 AI 맞춤형 팬미팅이었다. 공연이 끝난 후에도 여운이 가시지 않았다. 방 안 조명이 꺼졌는데도, 내 마음속 무대는 여전히 환하게 빛나고 있었다.

이러한 기술들은 콘텐츠를 단순히 '감상하는' 차원을 넘어 '체험하는 콘텐츠'로의 전환을 이끌고 있다.

새로운 시대, 새로운 창작의 기회

AI가 미디어의 지능이 되고, 신(Scene)이 감각을 확장하는 시대, 우리는 이제 콘텐츠를 넘어 세계를 새롭게 인식해야 할 순간에 서 있다.

AI는 단순한 도구를 넘어 창작자들에게 새로운 가능성을 열어주고 있다. 과거에는 상상 속에 머물렀던 아이디어들이 기술적 한계에 가로막혀 실현되지 못했지만, 이제 AI와 신(Scene)의 결합을 통해 현실이 되고 있다. 이는 단순한 기술혁신이 아니라, 콘텐츠의 본질과 인간의 창작 방식 자체를 재정의하는 흐름이다.

예를 들어, AI 기반 번역 기술과 VR이 결합하면 언어의 장벽이 사라진 몰입형 콘텐츠가 탄생한다. 이제 우리는 전 세계 어디에서든 누구나 동일한 경험을 공유할 수 있는 시대를 맞이하고 있다. 이는 단순한 미디어 발전이 아닌, 문화와 인간 소통 방식의 근본적인 변화를 의미한다. 과거에는 정보와 경험이 특정 언어와 지역에 제한되었지만, 이제는 AI가 이를 해체하며 전 지구적 커뮤니케이션을 가능하게 하고 있다. 창작자들은 이제 더 넓은 시장을 바라볼 수 있으며, AI는 창작을 돕는 동반자로서 그 가능성을 확장해 주고 있다.

나는 이러한 변화를 직접 체험하면서, AI와 신(Scene)이 만들어 갈 미래가 더 이상 먼 이야기가 아니라는 것을 깨달았다. 창작의 방식이 변하고, 콘텐츠 소비의 형태가 바뀌며, 이제는 미디어를 단순히 소비하는 것이 아니라 경험하는 시대로 접어들고 있다. 이 변화 속에서 인간의 창의성은 더욱 중요한 가치로 떠오른다. AI는 데이터를 분석하고, 최적의 결과를 예측하지만, 그 결과를 어떻게 활용하고 어떤 가치를 담을지는 여전히 인간의 몫이다.

AI가 미디어의 뇌가 되고, 신(Scene)이 우리의 감각을 확장하는 시대. 우리는 이 거대한 흐름 속에서 단순한 기술의 수용자가 아니라, 창작자로서 우리의 역할을 다시 정의해야 한다. 이제 우리는 AI와 함께 세상을 바라보는 방식 자체를 바꿀 준비가 되어 있는가? 변화의 물결 속에서 길을 잃지 않고 새로운 비전을 향해 나아갈 때, 창작과 소통의 혁명은 더욱 깊고 넓게 펼쳐질 것이다.

참고문헌

고찬수(2018). 『인공지능 콘텐츠 혁명』. 한빛미디어.
최소영(2024). 『AI와 미디어 아트의 진화』. 커뮤니케이션북스.

02
개인화의 시대: 나만의 콘텐츠를 만드는 AI

요즘 콘텐츠를 소비하다 보면, "내가 좋아할 만한 것들"이 정확히 눈앞에 펼쳐지는 걸 느끼지 않는가? 넷플릭스를 열었을 때 마치 내 기분을 읽은 듯 추천되는 드라마, 스포티파이에서 발견한 내가 좋아할 줄 몰랐던 노래들. 이런 경험은 단순한 우연이 아니다. 바로 AI가 데이터를 기반으로 우리가 원하는 것을 예측해 만들어 낸 개인화의 결과물이다.

AI와 MBTI?

AI 기반 개인화 기술: 추천 알고리즘과 생성 AI

추천 알고리즘이 큐레이션을 한다면, 생성 AI는 맞춤형 미디어를 창조하며 소비와 창작의 경계를 허물고 있다.

개인화를 말할 때 빼놓을 수 없는 두 가지 기술이 있다. 바로 추천 알고리즘과 생성 AI이다. 먼저, 추천 알고리즘은 현재 우리에게 가장 익숙한 형태의 개인화 기술이다. 넷플릭스를 예로 들어보자. 나는 한동안 자연 다큐멘터리에 빠져 있었다. 나는 도서관에서 자료를 탐색하듯 수많은 다큐를 섭렵했다. 이후 넷플릭스는 내게 더 깊이 있는, 내가 좋아할 만한 다큐를 계속 추천하기 시작했다. 이건 단순히 내가 본 기록만을 분석한 것이 아니었다. 넷플릭스는 각 콘텐츠를 세밀한 태그로 분류하고, 나와 비슷한 취향을 가진 다른 사용자들의 데이터를 활용해 추천 목록을 만들었다. 내가 어떤 콘텐츠를 선택할 가능성이 높은지 정확히 예측하고 있었다.

다음으로 생성 AI대해 알아보자. 추천 알고리즘이 "기존에 있는 것"을 골라주는 기술이라면, 생성 AI는 "새롭게 만들어주는" 기술이다. 요즘은 글, 그림, 영상 등 개인 맞춤형 콘텐츠를 AI가 만들어주는 시대가 되었다. 나는 최근 AI를 활용해 블로그 글의 초안을 작성해 본 적이 있다. 내가 몇 가지 키워드만 던졌는데, AI가 나의 스타일을 분석해 맞춤형 글을 생성해 주었다. 마치 내가 상상했던 글이 눈앞에 펼쳐지는 느낌이었다. 이런 기술은 콘텐츠를 소비하는 사람뿐 아니라 창작하는 사람에게도 엄청난 도구가 되고 있다.

개인화 콘텐츠에 대한 소비자의 기대 변화

AI가 개인화를 정교하게 큐레이팅하며, 소비자는 더 이상 찾지 않고 기대하는 시대가 열리고 있다.

디지털 시대가 발전하면서 콘텐츠 소비 방식이 급격히 변화하고 있다. 이제 단순히 좋은 콘텐츠를 찾는 것만으로는 충분하지 않다. 소비자들은 자신에게 딱 맞춘, 즉각적이고 정교한 맞춤형 경험을 기대한다. 개인화된 콘텐츠가 대세가 되면서 소비자들의 기대치는 그 어느 때보다 높아졌고, 이는 미디어 및 콘텐츠 산업 전반에 걸쳐 중요한 변화의 흐름을 만들어 내고 있다.

과거에는 원하는 콘텐츠를 찾기 위해 긴 시간을 들여 검색하거나 추천을 받아야 했다. 영화, 음악, 책, 심지어 뉴스까지도 개인이 직접 탐색해야 했고, 이는 많은 시간과 노력이 요구되는 일이었다. 하지만 이제는 AI가 이러한 역할을 대신하면서 소비자의 콘텐츠 소비 방식이 완전히 달라졌다. 인공지능은 방대한 데이터 분석을 통해 개개인의 취향을 학습하고, 이를 바탕으로 가장 적합한 콘텐츠를 실시간으로 추천해 준다. 덕분에 소비자들은 콘텐츠를 찾는 과정에서 불필요한 시간을 줄이고, 보다 효율적이고 즐거운 경험을 누릴 수 있게 되었다.

AI가 만들어 내는 맞춤형 경험의 대표적인 예로서 음악 스트리밍 서비스인 스포티파이(Spotify)의 'Discover Weekly'를 들 수 있다. 스포티파이는 사용자의 청취 이력을 분석하고, 비슷한 취향을 가진 다른 사용자들의 데이터를 비교하여 매주 새로운 맞춤형 플레이리스트를 제공한다. 몇 년 전만 해도 새로운 음악을 찾기 위해 인터넷을 뒤지거나 친구들에게 추천을 부탁해야 했다. 하지만 이제는 매주 월요일이면 스포티파이가 사용자의 음악 취향을 반영한 맞춤형 플레이리스트를 자동으로 업데이트해 준다.

이 과정에서 AI는 단순히 사용자가 자주 듣는 노래를 반복해서 추천하는 것이 아니다. 기존에 들었던 음악뿐만 아니라, 사용자가 관심을 가질 만한 새로운 음악까지 정교하게 분석하여 제안한다. 즉, AI는 사용자의 취향을 점점 더 깊이 이해하며, 예측하고 발전해 나가는 '개인 맞춤형 큐레이터'로서의 역할을 수행하는 것이다. 덕분에 사용자는 자신의 취향에 맞는 음악을 쉽게 발견할 수 있으며, 새로운 음악적 경험을 지속적으로 확장해 나갈 수 있다.

미래: 완벽히 개인화된 콘텐츠의 시대

AI는 감성과 데이터를 해석하며, 선택 이전에 최적의 경험을 제공하는 완전한 개인화 시대를 열고 있다.

이런 개인화의 흐름은 앞으로 더 발전할 것이다. 언젠가는 우리가 콘텐츠를 찾는 것조차 필요 없을지도 모른다. AI가 우리의 취향과 감정을 실시간으로 분석하고, 상황에 맞는 콘텐츠를 만들어줄 것이니까. 예를 들어, 힘든 하루를 보낸 날이라면 AI는 내가 좋아하는 잔잔한 음악과 위로의 메시지가 담긴 글을 만들어 건네는 날이 조만간 올지도 모른다.

물론, 이런 미래에는 해결해야 할 문제들도 있다. 우리가 제공하는 데이터가 과연 얼마나 안전하게 관리될 수 있을까, 개인화된 경험이 지나치게 편향된 시각을 만드는 것은 아닐까 하는 윤리적 고민도 있다. 하지만 기술이 발전하고 규제가 뒷받침된다면, 개인화는 우리 삶을 더 풍요롭게 만드는 강력한 도구가 될 것이다.

개인화된 콘텐츠는 이제 우리의 일상에서 떼려야 뗄 수 없는 일부가 되었다. 그리고 그 중심에는 AI라는 혁신적인 기술이 있다. 개인화는 단순히 "편리함"을 제공하는 것을 넘어, 우리의 취향과 정체성을 반영하며 더 나은 경험을 만들어가게 될 것이다. 우리가 어떤 콘텐츠를 소비하든, 그것이 나만을 위해 준비된 것처럼 느껴질 때, 우리는 더 깊이 그 경험에 몰입할 수 있다. 그리고 AI는 그 몰입을 가능하게 만드는 가장 중요한 조력자가 될 것임이 분명하다.

이렇게 개인화된 콘텐츠가 주는 가치와, 앞으로의 가능성에 대해 함께 고민해볼 수 있기를 바란다. 이제, "AI가 열어가는 개인화의 새로운 시대, 여러분도 함께 꿈꾸고 즐길 준비가 되셨나요?"

참고문헌

김난도(2024). 『트렌드 코리아』. 미래의창.
대학내일20대연구소(2025). 『Z 세대 트랜드 2025』. 위즈덤하우스.
이현(2024). 『AI로 이미지, 영상, 음악 한 번에 끝내기』. 천그루숲.

03
몰입의 확장: 감각을 사로잡는 새로운 경험

마지막으로 완전히 몰입했던 순간이 언제였을까? 게임, 영화, 혹은 VR 체험 속에서 현실과 가상을 넘나든 순간이었을지 모르겠다. 오늘날 몰입형 콘텐츠는 단순한 시청을 넘어 우리의 감각을 온전히 사로잡으며 진화하고 있다. 그 중심에는 AI와 첨단 기술이 자리하고 있으며, VR, AR, MR 등의 발전이 몰입감을 극대화하고 있다. 이제 AI와 기술이 몰입형 경험을 어떻게 변화시키고, 우리의 삶에 어떤 영향을 미치는지 살펴보려 한다.

AI와 난임 극복?

몰입형 콘텐츠의 진화: VR에서 XR까지

XR 기술은 미디어를 시청에서 체험으로 확장하며, 현실과 가상이 융합된 몰입형 소통의 장을 열고 있다.

몇 년 전 처음 VR 헤드셋을 써본 적이 있다. 당시 어색한 그래픽과 약간의 어지러움에도 불구하고, 눈앞에 펼쳐진 가상세계에 감탄했던 기억이 있다. 이제 VR은 그때의 수준을 넘어 완전히 다른 차원으로 진화했다. 360도 전경, 생생한 3D 그래픽, 공간 오디오까지 더해져, 우리가 마치 다른 세계에 들어선 듯한 느낌을 준다. VR뿐 아니라, 현실과 가상을 결합한 AR(증강현실)과 이 두 가지를 융합한 MR(혼합현실), 그리고 이를 포괄하는 XR(확장현실)까지 등장하며 몰입형 콘텐츠는 점점 더 넓은 가능성을 보여주고 있다.

나는 최근 한 AR 기반 전시회를 방문했다. 작품 앞에서서 스마트폰을 들어 올리자, 평범해 보이던 조각이 화면 속에서 움직이며 이야기를 들려주기 시작했다. 단순히 '보는' 전시에서 벗어나, 작품과 대화하는 듯한 느낌이었다. 이런 경험은 AR과 같은 기술 덕분에 가능해진 새로운 형태의 몰입형 콘텐츠다.

AI가 몰입감을 강화하는 방법

AI는 3D 자동화와 인터랙티브 스토리텔링을 통해 몰입형 콘텐츠를 개인화하며, 사용자를 단순한 관객이 아닌 이야기의 주체로 변화시키고 있다.

3D 모델링의 혁신

AI는 3D 모델링을 자동화하고, 더 정교하게 만들 수 있도록 돕는다. 과거에는 디자이너가 하나하나 수작업으로 만들어야 했던 것들이 이제는 AI의 도움으로 몇 분 만에 완성된다. 내가 얼마 전 체험한 한 몰입형 게임에서는 AI가 생성한 동적 환경 덕분에, 게임 속에서 나무가 바람에 흔들리는 모습이나, 해가 뜨고 지는 장면이 놀랍도록 자연스러웠다. 이런 세세한 디테일이 몰입감을 배가시켰다.

스토리텔링의 진화

AI는 몰입형 콘텐츠의 핵심인 스토리텔링에서도 중요한 역할을 한다. 인터랙티브 영화나 게임에서 플레이어의 선택에 따라 이야기가 달라지는 경험을 해 본 적이 있을 것이다. AI는 플레이어의 행동 패턴을 분석해 맞춤형 이야기를 실시간으로 만들어 낸다. 덕분에 콘텐츠는 단순히 고정된 구조를 넘어 개인화된 경험을 제공한다. 이런 기술 덕분에, 관객은 더 이상 이야기를 단순히 '보는' 것이 아니라, 그 안에서 '살아 가는' 경험을 하게 된다.

몰입형 경험: 영화와 음악이 나를 이야기 속으로 끌어들이다

어느 날, 넷플릭스 인터랙티브 영화 〈밴더스내치〉를 보며 나는 신선한 충격을 받았다. 단순히 화면 앞에서 이야기를 지켜보는 시청자가 아니라, 주인공의 선택을 직접 결정하며 이야기를 함께 만들어가는 창작자가 된 듯한 기분이었다. 화면 속의 이야기는 내가 선택하는 대로 방향을 바꾸었고, 그 순간 나는 내 손끝에서 이야기가 통제되는 것에 신선한 충격을 느꼈다.

그런 경험 뒤에 AI 기반 알고리즘이 있다는 사실을 알고 나니 더욱 놀라웠다. AI는 내가 내린 선택들을 분석하고, 그에 따라 최적의 스토리라인을 실시간으로 제공했다. 나의 경험이 단순히 미리 준비된 스크립트가 아니라, 내가 직접 그려나가는 이야기처럼 느껴졌던 이유가 바로 거기에 있었다.

음악에서도 몰입형 경험은 새로운 차원을 열어주고 있다. 어느 날, AI 기반 음악 앱을 사용할 기회가 있었는

데, 나의 심박수와 기분을 분석해 실시간으로 음악이 변주되는 것을 경험했다. 처음엔 무심코 플레이를 눌렀지만, 점차 나만을 위해 조율된 멜로디가 나의 감정에 맞춰 흐르고 있다는 사실에 감탄했다. 흥분된 순간에는 박자가 빨라지고, 차분해지고 싶을 때는 음악이 서서히 느려지는 그 과정이 마치 나를 위한 즉흥연주처럼 느껴졌다.

이처럼 AI는 단순히 콘텐츠를 소비하는 방식을 넘어, 우리를 이야기 속으로, 음악 속으로 직접 초대한다. 영화와 음악은 더 이상 정해진 형식에 갇혀 있지 않게 될 것이다. 감각과 상호작용을 통해 콘텐츠는 살아 움직이고, 우리는 그 안에서 창작자이자 청중으로서 몰입의 깊이를 더해 가게 될 것이다. 기술이 만들어 낸 이 새로운 경험들은 단순히 미래의 가능성이 아니라, 이미 우리 곁에 와 있는 현실이다.

몰입의 한계와 도전 과제

몰입형 콘텐츠는 VR, AR, XR, AI와 함께 진화하지만, 기술적 한계와 윤리적 딜레마 속에서 지속 가능한 혁신과 현실-가상의 균형을 모색해야 한다.

몰입형 기술이 발전함에 따라 다양한 과제가 함께 부상하고 있다. VR이나 AR 기기의 경우, 여전히 무거운 헤드셋과 짧은 배터리 수명이 한계이다. 현실과 가상의 경계를 자연스럽게 연결하기 위해서는 보다 가벼운 디자인과 향상된 배터리 기술이 필수적이며, 몰입감을 높이면서도 이러한 기술적 장벽을 해결하는 것이 중요하다. 또한, 강렬한 감각적 경험을 제공하는 몰입형 콘텐츠는 현실과 가상의 경계를 흐리게 만들어 중독이나 정신 건강 문제를 초래할 가능성이 있다. 이에 따라 윤리적 기준과 규제가 더욱 필요하며, 기술 발전과 함께 사회적 논의가 활발하게 이루어져야 한다. 한편, 몰입형 경험을 제공하기 위해 방대한 데이터가 수집되며, 시선 추적, 생체 신호 등 민감한 정보가 포함될 수 있다. 따라서 이러한 데이터가 어떻게 활용되고 보호되는지에 대한 투명성이 필수적이며, 사용자 동의를 기반으로 강력한 보안 정책이 마련되어야 한다. 개인화된 콘텐츠가 발전할수록 기술적, 윤리적, 데이터 보호 문제를 해결하는 것이 필수적이며, 앞으로의 디지털 환경에서는 기술적 혁신과 함께 이를 조화롭게 통제할 정책과 규범이 함께 발전해야 할 것이다.

몰입형 콘텐츠는 기술과 창의성이 손을 맞잡고 새로운 가능성을 펼치는 가장 흥미로운 영역이다. VR, AR, XR, 그리고 AI는 우리를 현실의 한계를 넘어 완전히 새로운 차원으로 이끌고 있다. 이 기술들은 단순히 우리의 감각을 자극하는 것을 넘어, 삶의 깊은 연결과 의미를 만들어 내며 경험의 본질을 재정의하고 있다.

그리고 한 가지 분명한 사실은, 몰입형 콘텐츠는 더 이상 먼 미래의 이야기가 아니라는 것이다. 우리는 이미 그 중심에 서 있다. 기술이 우리의 상상을 초월하는 경험을 선사하는 이 시대는 이제 막 시작되었을 뿐이다. 앞으로 마주할 몰입형 세계는 우리가 지금껏 알지 못했던 방식으로 우리 삶을 풍요롭게 만들 것이다.

참고문헌

이길행 외(2014). 『가상현실 증강현실의 미래』. 콘텐츠하다.
편석준 외(2017). 『가상현실』. 미래의창.

04
자동화의 가능성: 제작에서 배포까지의 혁신

많은 사람들이 자동화가 창작을 대체할 것이라 생각하지만, 실제로는 창작자가 더 창의적인 작업에 집중하도록 돕는 역할을 한다. 스크립트 작성부터 영상 편집, 배포까지 자동화 기술은 콘텐츠 제작의 전 과정을 혁신하고 있다. 이는 단순한 효율성 향상을 넘어 창작의 가능성을 확장하는 기회가 된다. 우리는 자동화가 어떻게 창작자들의 삶을 변화시키고 있는지 살펴보려 한다.

AI와 사주?

콘텐츠 제작 과정의 자동화: 창작의 동반자

AI 자동화 기술은 콘텐츠 크리에이션의 패러다임을 변화시키며, 크리에이터가 스토리텔링과 브랜딩에 집중할 수 있도록 프로덕션 워크플로우를 혁신한다.

내가 처음 AI 기반 스크립트 작성 도구를 사용했을 때의 경험담이다. 몇 가지 키워드를 입력했더니 AI가 초안을 만들어주었다. 물론 초안 자체가 완벽하지는 않았다. 하지만 거기에 나만의 아이디어를 더하니 평소보다 훨씬 빠르게 스크립트를 완성할 수 있었다. 마치 초벌 작업을 돕는 동료가 생긴 느낌이었다.

오늘날 AI는 단순히 텍스트 생성에 그치지 않는다. 영상 콘텐츠를 제작할 때, 영상 편집 과정도 상당 부분 자동화되고 있다. 예를 들어, 내가 최근에 사용한 한 AI 편집 도구는, 긴 영상에서 중요한 장면을 분석해 자동으로 하이라이트 클립을 만들어 주었다. 음악을 추가하거나 자막을 넣는 작업도 클릭 몇 번으로 해결됐다. 과거 같으면 몇 시간을 들였을 일을 이제는 단 몇 분 만에 처리할 수 있었다.

이런 기술은 특히 유튜브 크리에이터들에게 큰 도움이 된다. 콘텐츠 아이디어를 떠올리고, 영상을 찍고, 편집하고, 썸네일을 만드는 과정은 매우 시간이 많이 걸리는 작업이다. 하지만 AI는 이러한 반복적인 작업들을 효율적으로 처리해 주며, 크리에이터가 더 창의적인 작업에 시간을 쏟을 수 있도록 도와준다.

배포 자동화 기술과 데이터 기반 최적화

AI 기반 배포 자동화와 데이터 최적화 기술은 콘텐츠가 더 많은 사람에게 효과적으로 도달하도록 돕고, 작은 변화로도 조회수와 참여율을 극대화할 수 있게 해준다.

콘텐츠 제작이 끝난 후에도 중요한 일이 남아 있다. 바로 배포다. 한때는 콘텐츠를 배포하려면 플랫폼마다 각기 다른 규칙에 맞게 수동으로 작업해야 했지만, 이제는 AI가 이 과정도 자동화하고 있다.

예를 들어, 유튜브와 같은 플랫폼에서는 AI가 시청자의 행동 데이터를 분석해 가장 적합한 업로드 시간을 추천해 준다. 나도 이 기능을 적극 활용하고 있는데, 처음엔 "정말 이 시간대가 최선일까?"라는 의문이 들었지만, AI가 추천한 시간에 영상을 업로드하니 조회수와 참여율이 눈에 띄게 상승했다. AI는 단순히 업로드 시간을 알려줄 뿐 아니라, 제목, 설명, 태그 같은 메타데이터를 최적화해 검색 노출을 높여주기도 한다.

또한, AI는 콘텐츠가 어떤 채널에서, 어떤 방식으로

소비되는지 실시간으로 분석한다. 이 데이터를 기반으로 콘텐츠의 배포 전략을 조정하면, 더 많은 사람에게 도달할 수 있다. 최근 한 실험에서, 나의 콘텐츠를 보고 클릭한 사람들의 행동 데이터를 분석한 결과, 썸네일의 색상을 조금만 바꾸었을 때 클릭률이 크게 증가한 경험도 있었다. AI의 데이터 분석이 아니었다면 알 수 없었을 작은 차이가 큰 변화를 만들어 낸 결과다.

사례: 유튜브 크리에이터를 위한 AI 도구

오늘날 유튜브 크리에이터들에게 AI는 없어서는 안 될 도구다. 예를 들어, TubeBuddy와 같은 AI 기반 도구는 키워드 분석부터 제목 생성, 태그 추천까지 모든 과정을 지원한다. 또, Descript 같은 도구는 오디오와 영상을 자동으로 텍스트로 변환하고, 이를 기반으로 빠른 편집 작업을 도와준다.

내가 한 크리에이터와 이야기하면서 들었던 흥미로운 사례가 있었다. 그는 AI를 활용해 대본을 쓰고, 편집하고, 배포까지 모든 과정을 자동화한 덕분에 한 달에 10개 이상의 고품질 영상을 꾸준히 제작할 수 있었다고 했다. "AI가 도와주지 않았다면 상상도 못 했을 속도와 효율"이라고 그는 말했다. 결국, AI는 단순히 작업을 빠르게 해주는 것을 넘어, 크리에이터가 더 많은 콘텐츠를 실험하고 성장할 수 있도록 돕는 비서가 된 셈이다.

크리에이터와 AI의 협업 방식

AI는 단순한 자동화 도구를 넘어 크리에이터의 공동 창작자로 자리 잡으며, 콘텐츠 기획부터 제작, 배포까지 혁신을 이끌어 크리에이터가 더 창의적이고 전략적인 스토리텔링에 집중할 수 있도록 돕는다.

AI와의 협업은 단순히 효율을 높이는 것 이상이다. AI는 창작자가 놓칠 수 있는 부분을 보완하고, 새로운 아이디어를 제공하며, 크리에이터가 더 큰 그림을 그릴 수 있게 해준다.

하지만 크리에이터와 AI의 협업에는 균형이 중요하다. AI가 모든 결정을 내리게 하면 콘텐츠가 기계적이고 개성이 없는 결과물로 전락할 위험이 있다. 반대로, AI를 전혀 활용하지 않는다면 현재의 경쟁적인 콘텐츠 시장에서 뒤처질 가능성이 높아진다. 나 역시 AI의 초안을 받을 때, 그 결과물을 그대로 사용하지 않고 항상 내 생각과 개성을 더하려고 노력한다. 결국, AI는 단순한 도구가 아니라, 크리에이터의 비전을 실현시키는 파트너로 자리 잡아야 한다.

콘텐츠 제작과 배포의 자동화는 단순히 시간을 절약하는 것을 넘어, 크리에이터가 더 창의적이고 전략적인 선택을 할 수 있도록 돕고 있다. 스크립트 작성에서 영상 편집, 배포와 데이터 분석까지. AI는 전 과정을 혁신하며, 크리에이터들이 자신의 이야기를 더 효과적으로 전달할 수 있는 세상을 열어 가고 있다.

그리고 이 변화의 중심에는 여전히 사람, 즉 크리에이터가 있다. AI가 도구로서 우리의 작업을 돕는 동안, 크리에이터는 더 창의적인 질문을 던지고, 더 감동적인 이야기를 만들어 내며, 더 많은 사람들과 연결될 수 있는 방법을 찾아낼 것이다. AI와의 협업은 단순한 자동화를 넘어, 더 나은 콘텐츠를 만들어가는 여정이 될 것이다.

이 글이 여러분에게 AI와 자동화의 가능성을 새롭게 생각해보는 계기가 되길 바라며, 이제, AI라는 에이전트와 함께 더 큰 비전을 그려보는 건 어떨까 한다.

참고문헌

장동선(2022). 『AI는 세상을 어떻게 바꾸는가』. 김영사.

05
글로벌 콘텐츠의 부상: 경계를 허무는 기술

우리는 이제 지구 어디서든 탄생한 이야기를 즉시 접할 수 있는 시대에 살고 있다. 과거에는 언어와 문화의 장벽이 콘텐츠 소비를 가로막았지만, AI 기술이 그 경계를 허물며 전 세계를 하나로 연결하고 있다. 글로벌 콘텐츠의 부상은 단순한 공유를 넘어, 다양한 문화가 가까워지고 융합되며 새로운 가치를 창조하는 과정이기도 하다.

AI와 아이돌?

AI 번역 및 다국어 지원 기술: 언어의 장벽을 허물다

AI 기반 실시간 번역과 자동 자막 생성 기술은 언어 장벽을 허물어 콘텐츠의 글로벌 확산을 가속하며, 누구나 자신의 언어로 소통하고 콘텐츠를 즐길 수 있는 환경을 만든다.

2019년, 나는 우즈베키스탄 타슈켄트에서 파견 교수로 근무하며 다양한 강의를 진행한 경험이 있다. 그중 한 번은 지방 분교에서 특강을 하게 되었는데, 현지 참석자들 대부분이 영어로 소통하기에는 어려운 상황이었다. 나는 영어로 강의를 진행했고, 우즈베키스탄 현지 대학 교수가 이를 현지어로 통역하는 방식으로 수업이 이루어졌다. 그러나 이 방식은 시간차가 필연적으로 발생할 수밖에 없었고, 강의의 흐름이 끊어지기도 했다. 그런데도 참석자들은 내 강의에 깊이 몰입했고, 강의가 끝난 후에도 질문이 그치지 않았다. 그들의 호기심과 학구열은 언어 장벽을 뛰어넘을 만큼 뜨거웠다.

그때를 돌아보면, 만약 지금의 인공지능 기술이 있었다면 어땠을까 하는 아쉬움이 남는다. 실시간 번역 AI가 있었다면, 내 강의는 현지 참석자들에게 즉각적으로 전달되었을 것이고, 질문과 답변도 훨씬 더 자연스럽게 이루어졌을 것이다. 그때보다 몇 배는 더 깊이 있는 소통과 호응을 할 수 있었을지도 모른다.

나는 그때의 경험을 통해, 기술이 단순히 편리함을 제공하는 것을 넘어 사람과 사람을 더욱 가깝게 연결해 준다는 것을 깨달았다. 언어가 다르다는 이유로 제한되었던 배움의 기회가, 이제는 인공지능의 도움으로 누구에게나 동등하게 열릴 수 있는 시대가 되었다. 과거에는 시간차를 두고 겨우 전달해야 했던 이야기가 이제는 실시간으로 공유될 수 있다. 돌이켜 보면, 당시의 경험은 언어 장벽을 넘기 위해 얼마나 큰 노력이 필요했는지를 체감하게 해준 소중한 기억이다. 그리고 지금, 인공지능 기술이 그런 장벽을 허물어 가고 있는 현실을 보며, 과거의 내 작은 경험 덕에 오히려 내가 지금 그 기술을 더욱 절실하게 느끼는 것은 아닐까 하는 감회에 젖는다.

AI 번역의 대표적인 사례는 구글 번역과 딥L(DeepL)이다. 이 기술들은 단순히 단어를 변환하는 데 그치지 않고, 문맥과 뉘앙스를 이해하며 자연스러운 문장을 생성한다. 나는 최근 AI 기반 번역 도구를 사용해 해외 독자와 소통했던 경험이 있는데, 번역된 메시지에서 오해의 소지가 거의 없었다. 예전 같았으면 전문 번역가의 손길이 필요했을 일들이 이제는 몇 초 만에 해결되는 것을 보며, 기술의 발전을 실감할 수 있었다.

또한, 유튜브와 같은 플랫폼에서는 자막 자동 생성 및 번역 기술이 크리에이터와 시청자 간의 언어 장벽을 낮추고 있다. AI는 영상 속 음성을 인식해 자막을 생성하고, 이를 여러 언어로 번역해 시청자들이 콘텐츠를 자신의 언어로 즐길 수 있게 해준다. 이 기술 덕분에 소규모 크리에이터도 글로벌 시청자를 대상으로 콘텐츠를 배포할 수 있는 가능성이 열리고 있다.

글로벌 시장 접근성을 높이는 플랫폼과 AI의 역할

글로벌 시장에서 성공하기 위해 가장 중요한 것은 "접근성"이다. AI는 플랫폼이 이를 달성할 수 있도록 돕는 강력한 도구로 자리 잡았다.

글로벌 플랫폼과 AI

넷플릭스, 스포티파이와 같은 글로벌 플랫폼은 인공지능(AI)을 활용해 전 세계 시청자와 청취자에게 최적화된 맞춤형 콘텐츠를 제공하고 있다. 이들은 방대한 사용자 데이터를 분석하여 각 지역의 취향과 트렌드를 파악하고, 이를 기반으로 콘텐츠 제작 및 추천 시스템을 운영한다. 예를 들어, 넷플릭스는 각국의 시청 데이터를 수집하고 분석하여 특정 지역에서 어떤 장르나 스토리라인이 인기를 끌지 예측한다. 최근 한국 드라마가 글로벌 시장에서 큰 성공을 거둔 이유 중 하나도 이러한 AI 기반의 데이터 분석 덕분이다. 단순히 한국 내에서 인기 있는 콘텐츠를 무작정 해외에 배포하는 것이 아니라, 글로벌 시청자들의 선호도를 분석해 전략적으로 배포하고, 현지화 작업을 철저히 수행하기 때문이다.

특히 AI 기반 번역 및 자막 기술은 이러한 콘텐츠의 글로벌 확산을 가속화하는 핵심 요소다. 전통적인 번역 방식과 달리, AI는 텍스트뿐만 아니라 음성 인식, 감정 분석, 문맥적 이해까지 포함하여 더욱 자연스럽고 현지화된 번역을 제공한다. 이는 다양한 언어를 사용하는 글로벌 시청자들이 원활하게 콘텐츠를 소비할 수 있도록 돕는 중요한 기술이다.

AI를 통한 문화적 번역

AI 기술은 단순한 언어 번역을 넘어, 문화적 차이를 고려한 '문화 번역(cultural translation)'에도 활용된다. 글로벌 콘텐츠 시장에서 단순한 언어 변환만으로는 충분하지 않다. 각국의 문화적 배경과 사회적 맥락을 반영하지 않으면, 현지 시청자들에게 정확한 의미 전달이 어려울 수 있기 때문이다.

예를 들어, 한국 드라마나 예능 프로그램에서 자주 등장하는 전통적인 개념(예: '정(情)'이라는 감정적 유대감, 유교적 가치관, 한국 특유의 예절 문화 등)은 단순한 직역으로는 해외 시청자들이 이해하기 어렵다. AI는 이러한 문화적 요소를 분석하고, 적절한 맥락과 표현을 제공하여 자연스럽게 번역할 수 있도록 돕는다. 예를 들어, 한국 드라마에서 '선배'와 '후배' 관계가 강조되는 장면이 있을 때, 단순히 'senior'와 'junior'라는 단어로 번역하는 것이 아니라, 해당 관계의 의미를 설명하는 보충 정보를 추가하거나, 현지 관객에게 더 익숙한 개념으로 변환하는 작업을 수행할 수 있다.

이러한 AI 기반의 문화 번역 기술은 글로벌 콘텐츠가 더욱 널리 소비될 수 있도록 하는 중요한 역할을 한다. 단순히 한국 콘텐츠를 세계에 소개하는 것이 아니라, 해외 시청자들이 한국의 문화와 감성을 더욱 깊이 이해할 수 있도록 돕는 것이다. 넷플릭스와 같은 플랫폼은 이를 통해 다양한 문화권의 콘텐츠를 더욱 효과적으로 연결하고 있으며, AI 기술의 발전과 함께 그 범위는 더욱 확장될 것으로 보인다.

결국, AI는 글로벌 콘텐츠 시장에서 단순한 번역 도구가 아니라, 문화적 장벽을 허물고 세계 각국의 콘텐츠를 더욱 자연스럽게 연결하는 촉매제 역할을 하고 있다. 향후 AI 기술이 더욱 정교해지면서, 언어뿐만 아니라 문화적 공감대까지 형성하는 보다 깊이 있는 번역이 가능해질 것으로 기대된다.

사례: 해외 진출에 성공한 AI 기반 콘텐츠

AI 기반 콘텐츠가 글로벌 시장에서 성공한 사례는 점점 늘어나고 있다. 예를 들어, 넷플릭스의 〈오징어 게임〉은 AI 번역 기술과 데이터 분석의 도움을 받아 한국 드라마임에도 불구하고 전 세계적으로 사랑받는 콘텐츠로 자리 잡았다. AI는 작품이 각국 시청자들에게 어떤 부분이 더 흥미롭게 다가갈지를 예측해, 적절한 자막과 더빙 작업을 가능하게 했다.

또한, 스포티파이는 글로벌 음악 시장에서 AI를 활용해 성공을 거두고 있다. AI는 사용자들의 청취 데이터를 분석해, 지역과 언어를 초월하는 음악 추천을 제공한다. 예를 들어, K-pop이 유럽과 남미에서 인기를 끌게 된 배경에는 스포티파이의 정교한 AI 추천 시스템이 있었다. 글로벌 시장에서 콘텐츠를 연결하고 확장하는 데 AI가 얼마나 중요한 역할을 하는지 보여주는 사례들이다.

글로벌화와 문화적 다양성의 조화

글로벌 콘텐츠의 확산은 기술 발전이 가져온 혁신적인 변화이지만, 동시에 해결해야 할 중요한 과제도 함께 수반된다. 특히, 언어와 문화를 넘어 전 세계적인 소비가 이루어지는 과정에서 콘텐츠의 본질과 지역적 정체성이 희석되지 않도록 하는 것이 핵심적인 문제다. 아무리 기술이 발전하더라도 콘텐츠가 본래의 정체성과 진정성을 잃어버린다면, 글로벌 시장에서의 지속적인 성공을 담보하기 어려울 것이다.

이러한 문제를 해결하는 데 AI는 중요한 역할을 하고 있다. AI는 단순히 콘텐츠를 번역하고 유통하는 도구를 넘어, 지역의 문화적 특성을 정밀하게 분석하고 반영하는 기술로 발전하고 있다. 글로벌 콘텐츠가 각국의 로컬 콘텐츠와 조화를 이루면서도 본연의 개성을 유지할 수 있도록 하는 것이 AI의 중요한 기능 중 하나다.

예를 들어, AI는 특정 콘텐츠의 자막을 번역할 때 단순한 직역을 넘어서, 해당 문화권에서 더욱 자연스럽게 받아들여질 수 있도록 최적화된 표현을 선택한다. 한국 드라마 속 정서적 코드나 전통적인 가치관이 글로벌 시청자들에게 보다 직관적으로 이해될 수 있도록 문화적 맥락을 반영하는 방식이다. 또한, AI는 음성 톤과 감정을 분석하여 성우 더빙을 보다 자연스럽게 조정하거나, 특정 문화에서 부적절하게 해석될 수 있는 표현을 세밀하게 조정하는 역할도 수행한다.

이러한 AI 기반의 문화적 번역은 콘텐츠의 글로벌 확산을 더욱 촉진하는 동시에, 지역적 정체성을 보호하는 데에도 기여한다. 넷플릭스, 디즈니+, 아마존 프라임과 같은 글로벌 플랫폼은 AI를 활용하여 각국의 문화적 코드를 정교하게 분석하고, 다양한 콘텐츠가 각기 다른 문화권에서 효과적으로 수용될 수 있도록 조정하는 전략을 취하고 있다. 이를 통해 단순한 콘텐츠 소비가 아니라, 서로 다른 문화적 배경을 가진 시청자들이 더 깊이 있는 공감과 이해를 경험할 기회를 제공한다.

결국, 글로벌 콘텐츠의 부상은 단순히 기술적 발전을 의미하는 것이 아니라, 전 세계 사람들이 서로의 문화를 이해하고 연결하는 방식 자체에 근본적인 변화를 가져오고 있다. AI 기술을 통한 언어와 문화적 경계의 허물어짐은 단순한 번역을 넘어, 전 세계 창작자들이 자신만의 독창적인 이야기를 더욱 넓은 무대에서 공유할 수 있도록 하는 강력한 도구로 자리 잡고 있다. 향후 AI가 더욱 정교해지고 문화적 맥락을 보다 정밀하게 반영할 수 있게 된다면, 글로벌 콘텐츠 시장은 더욱 다채롭고 풍부한 문화적 다양성을 유지하면서도 지속적인 성장과 확장을 이어나갈 것이다.

참고문헌

박창섭(2023). 『AI 저널리즘』. 두리반.
채영길 외(2024). 『글로벌 미디어로 읽는 세계』. 초록비책공방.

06
크리에이터의 미래: 창작의 도구에서 협력자로

창작의 세계는 끊임없이 변화하고 있다. 한때 창작은 오로지 사람의 영역으로 여겨졌지만, 이제 AI가 그 경계를 허물고 있다. 처음엔 단순한 도구로 시작한 AI가 이제는 창작의 협력자로 자리 잡으며, 크리에이터의 작업 방식에도 혁신을 가져오고 있다. 이 장에서는 AI가 창작의 도구에서 협력자로 변모해 온 과정과, 크리에이터들이 AI와 함께 창의성을 확장하는 방법을 탐구해보겠다.

AI와 야구?

AI가 창의적 도구로 자리 잡은 과정

AI는 단순한 자동화 도구를 넘어, 창작자의 스타일을 학습하며 공동 협업자로 진화해 콘텐츠 창작 전반에서 창의성을 확장하는 역할을 하고 있다.

처음 AI가 창작 도구로 등장했을 때, 많은 사람들은 이를 단순히 시간을 절약해 주는 기술 정도로 여겼다. 하지만 시간이 지날수록 AI는 단순한 보조를 넘어 창작 과정 전반에서 중요한 역할을 하게 되었다.

나도 처음에는 AI를 단순한 "도구"로 사용했다. 글을 쓸 때 AI가 초안을 생성하면, 그 결과물을 보며 수정하고 보완하는 방식이었다. 하지만 AI는 점점 나와 협력하는 방식을 바꾸었다. 예를 들어, AI가 나의 글 스타일을 학습하거나, 내가 자주 사용하는 표현이나 문장을 미리 제안해 주는 기능은 단순히 시간을 줄이는 것을 넘어, 나의 창의성을 확장시키는 데 큰 도움을 주었다. AI는 점점 나를 더 잘 이해했고, 나와 함께 작업하는 동료처럼 느껴졌다. 마치 글쓰기 선생님이 옆에 있는 것처럼.

크리에이터의 작업 방식 변화

AI가 창작에 깊이 스며들면서, 크리에이터들의 작업 방식도 달라지고 있다. 이제 크리에이터는 처음부터 끝까지 모든 작업을 혼자 할 필요가 없게 됐다. 대신, AI와 함께 협업하며 더 효율적이고 창의적인 결과물을 만들어 낼 수 있다.

아이디어 단계에서의 협업

예전에는 글을 쓰거나 영상을 기획할 때 아이디어를 떠올리기 위해 많은 시간을 할애하곤 했다. 하지만 이제 AI는 초기 아이디어 발상 단계에서부터 강력한 도구로 작용한다. AI 기반 브레인스토밍 도구는 크리에이터가 생각하지 못했던 새로운 시각과 아이디어를 제안한다. 나도 최근 프로젝트에서 AI가 생성한 스토리라인 몇 가지를 참고하며, 처음 구상했던 방향과 결합해 더 독창적인 결과물을 만들 수 있었다.

제작 단계에서의 효율성

AI는 반복적인 작업을 자동화하며, 크리에이터가 더 중요한 작업에 집중할 수 있게 한다. 예를 들어, AI 편집 도구는 긴 영상을 분석해 하이라이트를 자동으로 추출하거나, 자막을 자동 생성해 주는 기능을 제공한다. 내가 유튜브 영상을 제작할 때, AI가 추천하는 편집 포인트를 활용한 덕분에 작업 시간이 절반으로 줄었던 경험이 있다. 이런 효율성은 크리에이터들이 보다 창의적인 작업에 시간을 투자할 수 있는 여유를 제공한다.

AI 아트와 창작의 새로운 패러다임

AI가 창작 과정에서 협력자로 자리 잡은 구체적인 사례들을 살펴보면, 그 가능성을 더욱 실감할 수 있다. AI 기반 이미지 생성 도구, 예를 들어 DALL · E나 MidJourney와 같은 기술은 단순히 사용자의 입력을 기계적으로 반영하는 것이 아니라, 창작의 새로운 가능성을 탐색하는 도구로 자리 잡고 있다. 이러한 모델들은 방대한 데이터 세트를 학습하여 스타일, 색감, 조형적 요소를 조합하며 인간이 미처 예상하지 못한 독창적인 결과물을 도출한다. 최근 나는 학과 전공 동아리의 네이밍과 로고 디자인 작업을 진행하면서 AI 아트 도구를 활용하였는데, 몇 분 만에 다채로운 로고 시안과 인상적인 동아리 명을 도출할 수 있었다. 특히 AI가 제안한 디자인은 단순히 키워드에 맞춘 이미지가 아니라, 색의 조화, 형태의 균형, 시각적 상징성까지 고려된 결과물이었다. 이는 AI가 단순한 도구를 넘어 창작 과정에서 인간과 협업하는 존재로 기능할 수 있음을 보여준다.

AI 기반 창작 도구의 가장 큰 강점은 인간의 고정관념을 깨고 새로운 창작 방향을 제시한다는 점이다. 우리에게 익숙한 스타일과 디자인 원칙에서 벗어나, 예상치 못한 색감 조합과 기하학적 구도를 통해 전혀 새로운 형태의 디자인을 만들어 낸다. 예를 들어, 전통적으로 강렬한 색 대비를 피하는 디자인 원칙이 있지만, AI는 그러한 제한을 뛰어넘어 의외로 조화로운 색 배합을 제안할 수 있다. 또한, 동아리 네이밍 과정에서도 AI는 단순한 키워드 조합이 아니라 문맥과 의미를 분석하여 세련된 조합을 만들어 냈다. 이러한 경험을 통해, AI는 창작자의 영감을 보조하는 역할을 넘어 창의적 사고를 확장하는 촉진제로 기능할 수 있음을 확인할 수 있었다. 앞으로 AI 아트는 단순한 자동 생성 기술이 아니라, 인간과 AI가 협력하여 창작의 새로운 경지를 개척하는 중요한 도구로 자리 잡을 것이다.

AI 스토리보드: 영상 제작의 혁신적 도구

스토리보드는 영화와 영상 제작 과정에서 필수적인 시각적 기획 단계로, 장면의 구도, 카메라 앵글, 조명, 캐릭터의 동선 등을 시각적으로 정리하는 역할을 한다. 전통적으로 스토리보드 제작에는 상당한 시간과 비용이 소요되며, 숙련된 아티스트가 각각의 장면을 손으로 그려야 하기 때문에 수정 과정도 번거롭다. 그러나 AI 기반 스토리보드 생성 기술이 발전하면서 이러한 문제들이 해결되고 있다. AI는 텍스트 기반의 시나리오를 분석하고, 자연어 처리(NLP) 기술과 이미지 생성 알고리즘을 결합해 자동으로 장면을 시각화할 수 있다. 이를 통해 감독이나 제작자는 짧은 시간 안에 구체적인 장면 구성안을 얻을 수 있으며, 제작 초기 단계에서 더 직관적인 피드백을 주고받을 수 있다.

이러한 AI 스토리보드의 가장 큰 장점은 창작자의 아이디어를 더욱 구체적으로 시각화하는 데 있다. AI는 단순히 키워드를 이미지로 변환하는 것이 아니라, 장면의 분위기, 색감, 카메라 워크까지 반영한 고도화된 이미지를 생성할 수 있다. 예를 들어, "어두운 골목에서 주인공이 긴장한 표정으로 걸어간다"라는 문장을 입력하면 AI는 조명과 그림자, 원근법 등을 고려한 이미지로 변환하여 창작자의 구상을 더욱 명확하게 표현해 준다. 또한, 반복적인 수정과 재구성을 빠르게 할 수 있어 창작 과정에서 유연성이 극대화된다. 이러한 기술의 도입은 영상 제작에서 창의성과 효율성을 동시에 높이며, 예산이 한정된 독립영화나 광고 제작에서도 혁신적인 변화를 가져올 것이다. AI 스토리보드는 이제 단순한 보조 도구를 넘어, 영상 창작 과정의 핵심적인 요소로 자리 잡아가고 있다.

AI 편집 도구: 영상 편집의 효율성을 극대화하다

전통적인 영상 편집 과정은 많은 시간과 노동력을 요구하며, 특히 대사나 내레이션이 포함된 영상의 경우 불필요한 부분을 찾아 삭제하고, 장면을 자연스럽게 연결하는 과정이 상당히 번거롭다. 그러나 AI 기반 편집 도구, 예를 들어 Descript와 같은 소프트웨어는 이러한 과정을 획기적으로 단순화한다. Descript는 음성을 텍스트로 변환한 후, 문서 편집처럼 텍스트를 수정하는 것만으로 해당 부분의 음성과 영상을 동시에 편집할 수 있도록 지원한다. 이를 통해 영상 편집자는 타임라인을 일일이 조정하지 않고도, 클릭 몇 번으로 대사 수정, 음성 클리닝, 자동 더빙, 그리고 불필요한 '어', '음' 같은 주저하는 표현을 쉽게 제거할 수 있다. 이러한 기능은 특히 교육 영상, 팟캐스트, 인터뷰 콘텐츠같이 많은 대사가 포함된 영상 편집에서 압도적인 효율성을 제공한다.

AI 편집 도구의 가장 큰 장점은 기술적인 복잡성을 줄여 창작자가 콘텐츠의 본질적인 퀄리티에 집중할 수 있도록 돕는 것이다. 과거에는 영상 편집에 대한 기술적 지식이 필요했지만, AI는 이를 자동화하여 전문가뿐만 아니라 초보자도 쉽게 편집할 수 있도록 지원한다. 예를 들어, AI는 영상 속 말투나 억양을 분석하여 자연스럽게 이어지는 컷을 추천하거나, 특정 키워드 검색을 통해 편집이 필요한 부분을 즉시 찾아낼 수 있다. 또한, 딥러닝을 활용한 자동 음성 보정 및 배경 소음 제거 기능은 후반 작업에서 필수적인 요소로 자리 잡고 있다. 이러한 기술적 진보 덕분에 창작자는 영상의 스토리텔링과 메시지 전달에 더욱 집중할 수 있으며, 결과적으로 더욱 완성도 높은 콘텐츠를 제작할 수 있다. AI 편집 도구는 단순한 보조 기능을 넘어, 영상 제작의 패러다임을 변화시키는 핵심 요소로 발전하고 있다.

크리에이터와 AI의 공존 모델

AI와 크리에이터는 경쟁자가 아니다. AI는 크리에이터가 더 창의적이고 혁신적인 결과물을 만들어 낼 수 있도록 돕는 협력자다. 하지만 AI가 아무리 발전해도, 크리에이터만이 할 수 있는 고유한 역할이 있다. 그것은 바로 감정과 인간적인 터치다.

나는 AI가 생성한 결과물을 그대로 사용하지 않는다.

대신, AI가 제안한 아이디어나 작업 결과를 나의 스타일과 결합하며, 최종 결과물에 인간적인 감성과 이야기를 담아내려고 노력한다. 이 과정에서 AI는 창작의 과정에서 단순히 효율성을 높이는 것을 넘어, 나의 창의적 가능성을 확장시키는 파트너로 느껴졌다.

미래의 크리에이터는 AI와 함께 작업하며, 기술의 도움을 받아 더 깊이 있는 이야기와 정교한 작품을 만들어낼 것이다. AI는 단순한 도구가 아니라, 크리에이터와 협력해 새로운 가능성을 열어주는 에이전트다.

AI는 단순히 창작을 효율적으로 만드는 기술이 아니라, 창작의 새로운 문을 여는 열쇠다. 크리에이터의 미래는 AI와 함께 더 크고 넓은 가능성을 탐구하며, 창의성의 한계를 뛰어넘는 과정이 될 것이다. 기술이 발전할수록, 우리는 더 창의적인 방식으로 AI와 협력하며 더 감동적이고 의미 있는 이야기를 만들어 갈 것이다.

이제, 여러분의 창작에 AI라는 협력자를 받아들일 필요가 있다. AI와 함께하는 창작의 여정은 우리가 상상했던 그 이상으로 흥미로울 것이다.

AI와 함께하는 미래 크리에이터의 하루: 단편영화 제작 A to Z

배경

2035년, 콘텐츠 플랫폼은 VR, AR, 그리고 몰입형 인터랙티브 경험이 주류가 되었다. 유튜브 크리에이터들은 개인 스튜디오에서 AI와 협력하여 수백만 구독자에게 더 짧고 강렬한 영상을 제공하고 있다. 숏폼 콘텐츠의 경쟁이 치열해진 시대, 크리에이터는 효율성과 창의성을 극대화하며 단 하루 만에 영화 같은 퀄리티의 숏필름을 제작한다.

아침: 아이디어 발굴과 기획

7:00 AM – AI 아이디어 브레인스톰

크리에이터는 집에 설치된 AI 콘텐츠 어드바이저(CCA)와 함께 아침을 시작한다.

크리에이터는 자신의 키워드와 구독자 데이터를 AI에 입력한다.

예: 포스트 아포칼립스 배경, 1분 안에 강렬한 반전을 가진 숏필름

AI 제안: 구독자의 선호도를 분석한 후, AI는 "초능력을 얻은 평범한 소년이 세계를 구하는 짧은 드라마"를 제안한다.

7:30 AM - 플롯과 대본 생성

AI는 이야기의 구조를 설계하고, 짧고 임팩트 있는 대본을 자동으로 작성한다.

초안 예시: "소년이 쓰레기장에서 이상한 물체를 발견하고, 자신에게 초능력이 생겼음을 깨닫는 반전 스토리."

크리에이터는 초안을 검토하며 대사를 추가하거나 캐릭터의 심리를 보강한다.

오전: 가상 제작 준비

8:30 AM - 스토리보드 생성

몰입형 스토리보드 생성기를 활용해 플롯을 시각적으로 구현.

AI는 자동으로 카메라 앵글, 조명, 캐릭터 위치를 설계하며, 크리에이터는 이를 3D로 미리 체험.

예: AI가 제안한 클로즈업 앵글을 수정해 더 극적인 감정을 전달.

9:00 AM – 디지털 세트와 캐릭터 제작

AI는 가상 세트를 실시간으로 생성한다.

배경: 버려진 도시의 폐허를 AI가 자동 렌더링.

캐릭터: AI 캐릭터 생성기로 "소년"과 주변 인물을 설정. 모션과 표정을 미리 시뮬레이션.

10:00 AM – AI 기반 촬영 준비

AI는 가상 카메라와 드론 동작을 미리 계산해, 카메라 워크를 시뮬레이션한다.

크리에이터는 액션 장면의 속도와 각도를 조정해 영상의 템포를 최적화.

AI는 사전에 주요 장면의 컷 분할을 준비하여, 편집 시간을 단축한다.

오후: 촬영과 AI 편집

1:00 PM - 가상 및 실제 촬영

AI 촬영 디렉터가 가상 세트에서 캐릭터의 움직임과 카메라 앵글을 실시간으로 제어한다.

크리에이터는 모션 캡처 슈트를 입고, 소년의 움직임을 연기. AI는 이를 자동으로 가상 캐릭터와 결합.

배경 합성: AI가 실시간으로 가상 배경과 촬영 데이터를 합성하여 완성도 높은 클립 생성.

2:30 PM – AI 초안 편집

AI는 촬영 데이터를 분석하고, 컷 편집과 장면 전환을 자동화한다.

음악과 음향 추가: AI는 장면의 분위기에 따라 배경 음악을 생성하고, 음향 효과를 자동으로 삽입.

예: 초능력이 발동되는 순간, 서스펜스 음악과 함께 전자음향을 삽입.

크리에이터는 초안을 검토하며 감정선에 따라 클립을 재배열하거나 음악을 조정한다.

저녁: 후반 작업과 플랫폼 최적화

4:00 PM – AI 기반 VFX 및 색보정

VFX 생성기가 소년의 초능력을 표현하기 위해 눈에서 빛이 나는 효과를 추가.

AI는 전반적인 조명과 색상을 조정하여 영상의 톤을 통일.
크리에이터는 AI가 생성한 VFX를 미세 조정하여 더 현실감 있는 효과 구현.

5:30 PM - 다양한 플랫폼 버전 생성

AI는 영상의 포맷을 자동으로 변환하여 유튜브, 틱톡, 인스타그램 릴스에 맞는 버전을 제작한다.

유튜브: 16:9 비율의 8K 버전.

틱톡/릴스: 9:16 세로 비율로 최적화된 클립.

크리에이터는 각 플랫폼에 맞게 프리뷰를 검토하고, 작은 수정 사항을 적용.

6:30 PM - AI 예측 및 업로드

AI 트렌드 분석기는 영상의 잠재적인 도달률과 반응 데이터를 예측한다.
AI는 가장 효과적인 업로드 시간을 제안하고, 제목과 태그를 자동으로 생성.

예: "초능력을 얻은 소년의 1분 이야기 - 반전 주의!"

크리에이터는 AI의 추천을 바탕으로, 영상 업로드와 프로모션 전략을 최종 결정.

미래 단편영화 제작 워크플로우의 핵심은 다음과 같다.

AI의 전방위 지원: 기획부터 후반 작업, 업로드까지 AI가 크리에이터의 모든 작업에 동반자로 참여.

몰입형 콘텐츠 제작 환경: 크리에이터가 가상 환경에서 작업하며, 실제와 같은 경험을 통해 더 직관적으로 콘텐츠 제작.

효율성과 창의성의 공존: AI는 반복적이고 기술적인 작업을 처리해 효율성을 극대화하고, 크리에이터는 스토리와 감정선에 집중.

플랫폼 맞춤형 제작: AI가 각 플랫폼의 트렌드와 규격에 맞춰 최적화된 버전을 생성해 콘텐츠 도달률을 극대화.

AI와 함께하는 미래의 크리에이티브 혁명

미래의 유튜브 크리에이터들은 AI와 협업하여 하루 만에 고퀄리티 단편영화를 제작하는 능력을 갖추게 될 것이지만, 창작의 본질은 여전히 인간의 몫으로 남을 것이다. AI는 단순한 자동화 도구가 아니라, 창작자의 비전을 실현하는 강력한 협업자로서 창의적인 아이디어를 시각적으로 구현하고 제작 과정을 혁신적으로 단축해줄 것이다. 그러나 기술이 아무리 발전하더라도, 스토리텔링의 핵심 요소인 감정과 상상력은 인간만이 제공할 수 있다. AI는 이를 보조하는 촉매제에 불과하며, 진정한 창작의 영혼은 크리에이터의 손에 달려 있다. 이러한 변화는 단순한 제작 방식의 혁신을 넘어, 콘텐츠 창작의 패러다임을 바꾸고 스토리텔링의 미래를 재정의하며, 전 세계 크리에이터들에게 무한한 가능성을 열어줄 것이다.

참고문헌

주힘찬(2023). 『AI 닥터튜브 주힘찬의 유튜브 클리닉』. 미래의창.

07
미디어 플랫폼의 진화: AI가 바꾸는 콘텐츠 유통 구조

콘텐츠 소비의 패러다임이 변하면서 AI는 예측적 큐레이션을 통해 개인화된 경험을 제공하고 있다. 우리의 선호와 행동을 분석해 맞춤형 콘텐츠를 즉각 추천하며, 이는 단순한 기술 발전을 넘어 콘텐츠 민주화와 새로운 감각 경제의 부상을 의미한다. 이제 창작자는 플랫폼 알고리즘을 넘어 AI와 소통하며 맥락화된 콘텐츠를 고민해야 하며, AI는 단순한 도구가 아닌 소비의 중심 조율자로 자리 잡고 있다.

AI와 윤동주?

플랫폼 중심에서 AI 중심으로 변화하는 콘텐츠 유통

AI는 콘텐츠 큐레이션과 예측적 개인화로 검색을 넘어 맞춤형 발견을 이끌며, 크리에이터와 사용자 모두에게 새로운 경험과 가능성을 제공한다.

콘텐츠 유통의 중심축이 플랫폼에서 AI로 이동하면서, 우리는 단순한 소비의 시대를 넘어선 예측적 경험의 시대로 진입하고 있다. 몇 년 전만 해도 우리는 콘텐츠를 소비하기 위해 특정 플랫폼에 접속해 검색과 선택이라는 과정을 거쳐야 했다. 하지만 이제 AI는 우리의 시간과 에너지를 대신 사용하며, 방대한 데이터를 분석해 우리의 욕구를 선제적으로 충족시키고 있다. 이 과정에서 콘텐츠 소비는 "검색"에서 "발견"으로, 나아가 "맞춤화된 제공"으로 진화하고 있다. AI가 단순히 알고리즘을 넘어, 우리 일상 속에서 개인화된 큐레이터가 되어가고 있다는 증거다. 이는 콘텐츠 제작자들에게 새로운 기회를 열어주는 동시에, 콘텐츠의 품질과 의도에서 새로운 기준이 요구되는 도전이기도 하다.

이 변화는 개인화의 정점을 넘어, 감각적 연결의 경험을 만들어 낼 것이다. 개인적으로 이 변화를 실감한 순간은 넷플릭스가 나에게 "다음으로 볼 만한 콘텐츠"를 추천했을 때였다. 평소 내가 즐겨 본 장르와 흥미로운 스토리텔링의 패턴을 정확히 반영한 추천 드라마들은 단순히 내가 좋아할 만한 내용을 넘어 감정적으로 깊은 몰입감을 주는 작품이었다. 특히 흥미로웠던 점은, 내가 아직 한 번도 접하지 않은 다큐멘터리 장르를 추천받았다는 것이다. "이런 건 내 취향이 아닐 텐데?"라고 생각했지만, 시청 후 나는 완전히 새로운 관점과 지적 자극을 경험했다. 이는 AI가 단순히 사용자의 과거 데이터를 기반으로 추천하는 것을 넘어, 새로운 경험을 설계하고, 사용자에게 기대 이상의 가치를 제공했기 때문에 가능했다.

이 경험의 본질은 편리함 이상의 무엇, 즉 의미 있는 발견과 개인적 성장의 기회를 제공한다는 데 있다. AI는 이제 단순히 무엇을 선택할지를 돕는 도구가 아니라, 콘텐츠 소비의 과정을 재구성하며 사용자가 스스로 몰랐던 취향과 욕구를 발견하게 만드는 역할을 한다. 이는 크리에이터들에게도 중요한 도전 과제를 제시한다. 이제는 콘텐츠가 단순히 소비되는 것을 넘어, 사용자에게 새로운 자극과 기억에 남는 경험으로 남을 수 있도록 설계해야 하는 것이다. AI는 이러한 관계를 더욱 정교하게 연결하며, 크리에이터와 사용자 모두에게 새로운 차원의 가능성을 열어준다.

소셜 미디어와 스트리밍 플랫폼에서의 AI 적용

소셜 미디어에서의 AI

소셜 미디어에서 AI는 내가 콘텐츠를 "찾는 방식" 자체를 완전히 뒤집어 놓았다. 틱톡을 처음 사용했을 때를 떠올려 본다. 나는 단순히 호기심에 몇 개의 짧은 영상을 스크롤했을 뿐이었는데, 불과 몇 분 만에 나의 취향과 관심사를 정확히 반영한 영상들이 피드에 등장했다. 예술적인 스톱모션 영상, 철학적인 짧은 문구들, 그리고 마음을 편안하게 해주는 ASMR까지, 마치 누군가 내 머릿속을 들여다본 듯한 맞춤형 결과였다. 틱톡의 AI 알고리즘은 내가 얼마나 오랫동안 영상을 시청했는지, 어떤 영상에 좋아요를 눌렀는지를 분석해 내가 흥미를 느낄 만한 콘텐츠를 정확히 예측했다. 그 순간, 단순한 추천 시스템이라고 생각했던 AI가 얼마나 정교하고, 개인의 취향을 놀랍도록 빠르게 파악하는지 가히 경이로웠다. 소셜 미디어는 이제 나를 새로운 발견으로 초대하는 역할을 하고 있었다.

스트리밍 플랫폼에서의 AI

넷플릭스에서 처음으로 AI의 진가를 체감한 날도 또렷이 기억난다. 평소에 잘 보지 않던 다큐멘터리가 추천 목록에 올라와 있었다. 호기심이 일어 클릭한 영상은 내가 미처 깨닫지 못한 관심사를 일깨워 주었다. 시청 후, "어떻게 이 작품이 내게 딱 맞는 추천이 되었을까?"라는 궁금증이 들었다. 알고 보니, 넷플릭스는 내가 이전에 시청한 영화의 장르와 패턴, 심지어 내가 영화를 멈춘 타이밍까지 분석해 맞춤형 추천을 제공했던 것이다. 이제 콘텐츠를 "찾는 시간"은 사라졌다. 대신 나와 콘텐츠가 자연스럽게 연결되는 순간이 만들어졌음을 알게 되었다. 그 순간, 내가 느낀 것은 단순한 편리함을 넘어선 경이로움이었다. AI는 단지 데이터를 분석하는 도구가 아니라, 나의 취향을 배우고, 나도 몰랐던 나를 재발견하게 해주는 지적 파트너처럼 느껴졌다.

콘텐츠 제작과 AI 유통의 결합

AI와의 협업은 제작자로서의 나를 새로운 차원으로 이끌었다. 유튜브에 콘텐츠를 업로드했을 때, 처음으로 AI가 제안한 제목과 태그를 반영한 날을 기억한다. 나는 별 기대 없이 AI의 추천을 따라 했을 뿐인데, 결과는 놀라웠다. 이전에 비해 조회수와 참여율이 급격히 상승했다. 단순히 클릭을 유도하는 차원이 아니라, AI는 내 콘텐츠를 가장 필요한 시점에 가장 적합한 사용자에게 도달하도록 최적화하고 있었다. "그저 플랫폼의 도구일 뿐"이라고 생각했던 AI가 실제로는 콘텐츠와 관객 사이에 보이지 않는 다리를 놓아준다는 사실을 깨달은 순간, 나는 흥분과 놀라움으로 가슴이 벅차올랐다.

AI가 유통 구조에 미치는 경제적, 기술적 영향

AI는 콘텐츠 유통 구조의 경제적 게임 체인저로 자리 잡고 있다. 개인화된 광고 기술은 단순히 광고를 사용자에게 보여주는 차원을 넘어, 데이터를 기반으로 사용자와 정서적으로 연결되는 경험을 제공한다. 예를 들어, AI는 사용자의 취향, 과거 행동 패턴, 심지어는 현재의 컨텍스트를 분석해 광고를 정교하게 맞춤화한다. 이로 인해 광고주는 투자 대비 높은 수익(ROI)을 확보하고, 플랫폼은 광고 효율성을 극대화하며 수익 모델의 새로운 지평을 열고 있다. 동시에, 사용자는 자신과 무관한 광고로 피로감을 느끼지 않고, 오히려 자신의 니즈와 부합하는 정보를 얻으며 만족감을 경험한다. 이 선순환 구조는 단순한 "노출의 싸움"에서 벗어나, 경험 중심의 경제 생태계를 강화하고 있다.

기술적 측면에서 AI는 콘텐츠 유통의 민첩성과 확장성을 혁신하고 있다. 방대한 데이터를 실시간으로 처리하고, 지역적 · 문화적 트렌드를 예측하는 AI의 능력은 콘텐츠 제작과 유통의 경계를 허물고 있다. 예를 들어, 특정 지역에서 바이럴 트렌드가 발생하면 AI는 이를 즉각 감지해, 관련 콘텐츠를 글로벌 시장에 전략적으로 확산시킨다. 이는 제작자들에게도 막대한 기회를 제공한다. AI는 단순히 데이터를 분석하는 데 그치지 않고, 크리에이터들에게 어떤 주제가 트렌드로 부상할 가능성이 높은지, 어떤 포맷이 가장 효과적일지를 구체적으로 제안한다. 결과적으로, AI는 콘텐츠가 단순히 "소비"되는 것이 아니라, 글로벌 맥락에서 의미 있게 "연결"되는 방식으로 유통될 수 있도록 기술적 기반을 제공한다. 이는 AI가 단순한 도구를 넘어, 콘텐츠 생태계의 전략적 파트너로 자리 잡고 있음을 보여준다.

AI와 콘텐츠 유통의 미래

AI 중심으로 변화하는 콘텐츠 유통 구조는 이제 막 첫 발을 뗐지만, 그 여파는 이미 우리의 일상을 뒤흔들고 있다. AI는 단순히 소비 효율성을 높이는 도구를 넘어, 콘텐츠와 사용자를 연결하는 방식을 근본적으로 재설계하고 있다. AI는 데이터를 기반으로 사용자의 취향을 선제적으로 예측하고, 콘텐츠가 그들의 맥락 속에서 가장 자연스럽게 스며들도록 큐레이션한다. 이로 인해, 우리는 단순한 "소비자"가 아닌 AI가 설계한 맞춤형 경험의 중심에 선 개인으로서 콘텐츠를 누리고 있다. 하지만 이 혁신의 이면에는 데이터 프라이버시와 알고리즘 편향성이라는 복합적 도전 과제가 자리하고 있다. 콘텐츠가 개인화될수록, 우리가 얼마나 자유롭게 선택할 수 있는지에 대한 질문은 더욱 깊어질 것이다.

그럼에도 불구하고, 콘텐츠 유통의 미래에서 사람의 역할은 그 어느 때보다 중요하다. AI가 한층 정교해져도, 기술은 본질적으로 인간의 창의성과 감정을 담는 그릇일 뿐이다. 콘텐츠의 진정한 가치는 데이터가 아니라 사람과 사람 사이의 의미 있는 연결과 공감에서 나올 것이다. 따라서 AI는 유통의 속도와 정밀함을 제공하지만, 콘텐츠의 본질적인 메시지와 감동은 여전히 크리에이터의 손끝에서 시작된다. 기술과 인간의 조화가 완성될 때, 우리는 단순히 소비하는 것을 넘어, 콘텐츠를 통해 세상과 더욱 깊이 연결될 수 있을 것이다. AI가 변화시킬 미래는 단지 효율적인 유통 구조가 아니라, 인간적인 경험이 다시 중심이 되는 새로운 미디어 환경이 되어야 한다.

참고문헌

최연미(2024). 『AI 마케팅 인사이트』. 리더스북.

08
체험형 콘텐츠의 부상: 소비를 넘어선 참여와 창작

마지막으로 콘텐츠에 직접 참여하고 만들어 본 순간이 언제였는가? 오늘날 콘텐츠는 단순 소비를 넘어 사용자의 선택과 행동이 이야기를 형성하는 방향으로 진화하고 있다. 메타버스의 몰입형 경험, 인터랙티브 영화, 게임 속 세계 창조 등 창작자와 소비자의 경계가 허물어지고 있다. 이는 기술 발전을 넘어 콘텐츠 경험의 본질을 재정의하는 변화다.

AI와 한의학?

체험형 콘텐츠의 정의와 성장 배경

체험형 콘텐츠는 사용자를 공동 창작자로 변화시키며, 인터랙티브 내러티브와 몰입형 경험을 통해 콘텐츠 소비의 패러다임을 재정의하고 있다.

체험형 콘텐츠는 단순히 콘텐츠를 "보는" 행위를 넘어 사용자 스스로 그 이야기의 일부가 되어 경험을 주도하는 형태로 진화하고 있다. 이는 사용자를 단순한 소비자가 아닌 공동 창작자이자 이야기를 형성하는 핵심 주체로 변모시킨다. 체험형 콘텐츠는 쌍방향성을 넘어, 사용자의 선택과 행동이 실질적으로 콘텐츠의 결과를 바꾸는 능동적 참여의 장을 제공한다. 이러한 진화는 기술혁신과 사용자의 높아진 기대감이 결합되며 가속화되고 있다. 특히, 메타버스와 같은 플랫폼은 사용자가 자신만의 캐릭터와 스토리를 설계하고 가상 세계에서 실제와 유사한 상호작용을 가능하게 함으로써, 몰입과 창의성을 동시에 자극하는 이상적인 무대가 되고 있다.

이 변화의 본질은 단순히 기술적 진보에 있지 않다. 체험형 콘텐츠는 사용자의 감정적 연결과 참여의 주체성을 강조함으로써 콘텐츠 소비의 패러다임을 근본적으로 재정의하고 있다. 사용자는 더 이상 수동적인 관객으로 남기를 원하지 않는다. 그들은 자신의 행동이 이야기에 반영되고, 그 결과를 통해 개인적 경험과 성취감을 느끼기를 갈망한다. 이는 단순한 엔터테인먼트를 넘어, 사람과 콘텐츠, 그리고 기술 간의 심층적인 관계와 의미를 창출한다. 체험형 콘텐츠는 창작과 소비의 경계를 허물며, 사용자와 제작자가 함께 새로운 서사를 만들어가는 공동 창작의 시대를 열고 있다.

메타버스와 인터랙티브 영화

메타버스

메타버스는 단순히 가상현실이 아닌 사용자 중심의 세계 창조 공간이다. 로블록스(Roblox) 같은 플랫폼에서는 사용자가 단순히 콘텐츠를 소비하는 것을 넘어, 자신만의 게임, 공간, 스토리를 창작할 수 있다. 처음 로블록스를 접했을 때, 나도 단순한 게임 플레이를 넘어 나만의 이야기를 설계하며 창작자로 변모했던 경험이 있다. 그 과정에서 단순한 재미를 넘어 내가 창조하는 세상이 다른 사람들과 연결되고 상호작용하는 만족감을 느꼈다.

인터랙티브 영화

넷플릭스의 〈밴더스내치(Bandersnatch)〉를 처음 접했을 때, 나는 마치 게임과 영화를 동시에 경험하는 듯한 기분이었다. 이야기의 전개를 따라가던 중, 화면에 나타난 선택지가 나를 주인공의 삶을 결정짓는 결정권자로 만들었다. "이 선택이 이야기의 방향을 얼마나 바꿀까?"라는 호기심에 클릭했던 작은 선택이 전혀 다른 결말로 이어졌을 때, 나는 단순히 스토리를 따라가는 관객이 아니라 서사의 일부를 창조한 사람이라는 느낌을 받았다. 그 순간, 콘텐츠 소비라는 행위에 대한 나의 시각이 완전히 달라졌다. 이제 이야기는 더 이상 고정된 결과로 끝나는 것이 아니라, 내 선택으로 끊임없이 변형되는 살아 있는 경험이 되었기 때문이다.

기술적, 사회적 의미: 체험형 콘텐츠의 깊이와 확장

기술적 의미: 기술이 만들어 내는 몰입감

〈밴더스내치〉 같은 체험형 콘텐츠의 뒷면에는 AI, 실시간 렌더링, 데이터 분석 기술이 정교하게 작동하고 있다. 예를 들어, 사용자의 선택을 즉각적으로 반영하고 새로운 장면으로 전환하는 경험은 단순한 기술 이상의 몰입감을 제공한다. 더 나아가, 대화형 AI 기술은 사용자의 반응과 감정을 학습해, 마치 현실 속 사람과 상호작용하는 듯한 느낌을 선사한다. 나는 가상현실 체험에서 AI 캐릭터와 대화를 나누며 기술이 만들어낸 자연스러운 반응에 놀랐던 적이 있다. "이건 진짜 대화라고 해도 믿을 것 같아!"라는 생각이 들 정도로 기술은 현실과 가상의 경계를 허물고, 사용자를 콘텐츠의 중심으로 끌어들였다.

사회적 의미: 참여와 정체성의 연결

체험형 콘텐츠가 젊은 세대에게 특히 큰 영향을 미치는 이유는, 이들이 단순히 콘텐츠를 소비하는 데 만족하지 않고, 자신을 드러내고 참여하고 싶어 하기 때문이다. 참여형 미디어는 콘텐츠를 통해 개인의 정체성을 표현할 수 있는 기회를 제공한다. 예를 들어, 메타버스 안에서 자신만의 캐릭터를 만들고, 그 캐릭터로 이야기에 참여하며 다른 사람들과 연결되는 경험은 단순한 엔터테인먼트를 넘어, 새로운 사회적 경험과 커뮤니티의 형성을 가능하게 한다.

초등학생 조카와의 제페토 인터뷰: 가상세계에서의 특별한 경험

초등 여학생 조카와의 대화에서 조카가 메타버스 플랫폼 제페토를 처음 접했던 순간을 들을 수 있었다. 조카는 초등학교 저학년 시절, 친구들의 권유로 제페토를 시작했다고 했다. 조카에게 가장 흥미로운 점이 무엇인지 물어보자, "내 캐릭터를 꾸미고 내가 만든 세계에서 친구들과 소통할 수 있다는 것"이라고 답했다. 캐릭터의 옷과 스타일을 마음껏 디자인하며, 마치 새로운 자신을 창조하는 기분이 들었다고 했다. "진짜 세상에서는 하기 어려운 멋진 스타일을 제페토에서는 자유롭게 해볼 수 있어요!"라며, 자신만의 아바타가 주는 창의적인 즐거움을 강조했다. 특히 자신이 꾸민 캐릭터가 많은 사람들에게 인정받았을 때, 그리고 친구들 사이에서 작은 인플루언서가 되었을 때의 뿌듯함과 성취감은 그 무엇과도 비교할 수 없었다고 했다.

가상공간에서의 경험은 단순히 캐릭터 꾸미기에 그치지 않았다. 조카는 제페토의 다양한 세계를 탐험하면서 그 안에서 비록 한국인이 대부분이지만 전혀 다른 배경을 가진 사람들과 소통하는 즐거움을 발견했다고 했다. 예를 들어, 친구들과 함께 가상 캠핑장에서 이야기를 나누고, 동화 같은 마을을 돌아다니며 게임을 즐기는 시간은 현실에서는 경험할 수 없는 특별한 순간으로 다가왔다고 했다. 조카는 "미래에는 인공지능이 더 발전해서, 제페토 같은 가상공간에서 한국인뿐만 아니라 다국적 캐릭터들과의 소통이 현실처럼 느껴지는 생생한 체험을 했으면 너무 좋겠다"며 기대를 표했다. 이처럼 제페토는 조카에게 단순한 게임 이상의 경험을 제공하며, 다양한 세대를 끌어들일 메타버스의 가능성을 엿보게 했다.

체험형 콘텐츠: 관객에서 창작자로, 새로운 경험의 중심에 서다

체험형 콘텐츠는 소비자를 단순히 관객의 자리에 머물게 하지 않는다. 그들은 이제 이야기를 설계하고, 선택하며, 자신의 행동이 콘텐츠에 직접 영향을 미치게 되는 적극적인 창작자로 변모하고 있다. 나 역시 메타버스 안에서 작은 스토리를 설계했던 경험이 있다. 처음에는 단순히 나만의 가상 공간을 만들어 보는 재미로 시작했지만, 놀라운 일은 그다음에 벌어졌다. 내가 만든 이야기에 다른 사용자들이 참여하고, 그들만의 해석과 행동으로 스토리가 예상치 못한 방향으로 확장되기 시작한 것이다. 콘텐츠는 이제 나 혼자서 완성하는 것이 아니라, 여러 사람들이 함께 만들어가는 공동 창작의 장으로 변해 있었다. 그 협력의 과정에서 느낀 만족감은 단순한 개인적인 재미를 넘어, 창작의 새로운 차원을 경험하게 했다.

이런 변화는 크리에이터들에게도 엄청난 기회를 제공한다. 이제 콘텐츠 제작은 완성된 작품을 일방적으로 제공하는 것으로 끝나지 않는다. 크리에이터는 사용자와 함께 이야기를 만들어가는 과정 자체에서 가치를 창출할 수 있다. 이는 콘텐츠 제작의 경계를 허물며, 관객과의 관계를 보다 동등하고 협력적인 형태로 전환한다. 예를 들어, 인터랙티브 영화나 메타버스에서 크리에이터는 스토리의 뼈대를 설계하지만, 이야기를 완성시키는 것은 참여자들의 선택과 행동이다. 이 과정은 크리에이터가 단순히 "제작자"에서 "스토리의 안내자"로 변모하게 하며, 콘텐츠의 깊이와 가치를 한층 더 높인다.

체험형 콘텐츠는 단순히 기술적 도약을 넘어, 인간의 창의성과 상호작용을 새로운 차원으로 확장하고 있다. 이것은 소비와 창작의 경계를 허물며, 우리가 콘텐츠를 경험하는 방식을 근본적으로 혁신하고 있다. 이제 여러분도 단순한 관객으로 머물기보다는, 이야기의 주인공이자 창작자로 거듭날 준비가 되어야 할 것이다. 체험형 콘텐츠의 세계는 무한한 가능성으로 가득하다. 그리고 그 가능성의 실현은, 여러분이 직접 참여하고 만들어가는 순간부터 시작된다. 이제 이야기는 당신의 선택으로 완성될 준비를 하고 있다.

참고문헌

피어슨(2023). 『그래서 메타버스가 도대체 뭔데?』. 시대인.

09
AI 윤리와 책임: 새로운 미디어 시대의 방향성

AI가 미디어의 중심축으로 자리 잡으면서, 우리는 기술의 발전 속도만큼 그에 따른 윤리와 책임의 문제를 깊이 고민해야 할 시점에 서 있다. AI는 편향된 알고리즘, 프라이버시 침해, 저작권 논란 등 단순한 기술적 도약이 아닌 사회적, 윤리적 도전에 직면한 강력한 도구다. AI 기반 미디어 환경에서의 윤리적 문제 해결은 미디어의 신뢰와 미래를 지키기 위한 선택이 아닌 필수적 책임이다.

AI와 화장품?

AI와 미디어에서의 윤리적 문제

AI 기반 미디어 윤리는 알고리즘 편향, 프라이버시 침해, 저작권 논란 등 기술과 창작의 공존을 위한 새로운 규범과 책임을 요구하고 있다.

인공지능(AI)은 혁신적인 기술 발전과 함께 우리의 일상을 빠르게 변화시키고 있다. 하지만 기술의 발전이 곧 윤리적 진보를 의미하는 것은 아니다. 최근 논란이 된 딥시크(DeepSeek)의 개인정보 보호 문제는 우리가 AI의 윤리적 책임을 얼마나 깊이 고민해야 하는지를 보여주는 대표적 사례다. AI가 점점 더 정교해지면서, 우리는 새로운 형태의 기술적 딜레마와 마주하게 된다. AI의 편리함은 어디까지 허용되어야 하며, 우리는 어떤 기준을 통해 그 경계를 설정해야 할까?

개인정보 보호: '감시'와 '편리'의 경계선

딥시크의 기술은 놀라울 정도로 정밀하지만, 동시에 우리의 개인정보 보호를 심각하게 위협할 수 있다. 우리는 이미 스마트폰, 소셜 미디어, 검색엔진 등을 통해 수많은 데이터를 AI에게 제공하고 있다. 하지만 문제는 AI가 어디까지 우리의 데이터를 수집하고, 이를 어떻게 활용하는지에 대한 명확한 기준이 부족하다는 점이다.

한 예로, 딥시크의 알고리즘이 사용자의 온라인 활동을 정교하게 분석해 개인 맞춤형 콘텐츠를 제공한다고 가정해 보자. 겉으로는 유용한 기능처럼 보이지만, 이 과정에서 사용자의 개인정보가 동의 없이 활용된다면 이는 명백한 침해다. AI는 감시 도구가 되어서는 안 된다. 기술이 윤리적인 가치를 바탕으로 발전해야 한다는 점에서, AI의 데이터 수집 방식에 대한 투명성과 사용자의 통제권 보장이 필수적이다.

AI의 책임: 누구의 것인가?

딥시크 사태에서 중요한 또 하나의 질문은, AI의 윤리적 책임이 누구에게 있는가 하는 점이다. AI가 잘못된 결정을 내렸을 때, 이는 개발자의 책임인가, 운영 기업의 책임인가, 아니면 AI 자체의 문제인가? 법적, 윤리적 논쟁은 AI가 스스로 윤리적 판단을 내릴 수 없다는 사실에서 출발한다. 결국 책임은 AI를 설계하고 운영하는 인간에게 돌아간다.

그러나 현재의 법과 규제는 기술의 속도를 따라가지 못하고 있다. AI가 생성한 콘텐츠의 저작권 문제, AI가 제공한 정보의 신뢰성, 그리고 AI에 의해 잘못된 의사결정이 내려졌을 때의 법적 책임까지, 논의해야 할 윤리적

이슈는 끝이 없다. 딥시크와 같은 사례는 AI 윤리를 논의하는 데 중요한 기폭제가 될 수 있다. 우리는 더 이상 윤리적 고민을 뒤로 미룰 수 없다.

AI와 인간, 공존을 위한 선택

AI의 미래는 단순히 기술적 발전의 문제가 아니다. 우리는 AI를 어떻게 설계하고 활용할 것인지에 대한 윤리적 프레임워크를 마련해야 한다. 딥시크 사태는 AI의 윤리적 사용에 대한 논의를 활성화시키는 계기가 되어야 하며, 기업과 정부는 기술 개발에 앞서 사회적 책임을 다해야 한다.

궁극적으로 AI는 인간의 도구일 뿐이다. 하지만 그 도구가 인간의 권리를 침해하고, 사회적 불평등을 심화시킨다면, 우리는 그것을 단순한 기술적 진보로 볼 수 없다. 우리는 AI가 더 나은 미래를 위한 조력자가 될 수 있도록 윤리적 방향을 설정해야 한다. AI와 인간이 공존할 수 있는 길을 찾는 것은 기술이 아닌, 인간의 선택에 달려 있다.

편향(Bias): 기술적 오류인가, 사회적 책임인가?

AI가 똑똑하긴 한데, 가끔 보면 참 사람과 유사하다는 생각이 든다. 편견까지도 말이다. 한 번은 AI 번역기를 돌려봤는데, "의사"가 남성으로, "간호사"가 여성으로 번역되는 것을 보고 깜짝 놀랐다. 세상이 변했는데 AI는 아직 옛 사고방식에 머물러 있는 듯했다. AI가 인간이 만든 데이터를 학습하면서 기존 사회의 고정관념까지 그대로 흡수해 버린 것이다. 마치 스펀지가 물을 빨아들이듯, AI는 우리가 가진 편견까지 차곡차곡 쌓아두고 있는 셈이다.

이제 문제는, 우리가 AI에게 기대하는 것이 무엇인가 하는 것이다. 그냥 인간의 실수를 그대로 반복하는 기계라면, 그게 과연 진보일까? AI는 어디까지나 도구일 뿐이다. 하지만 이 도구가 우리 사회의 불평등을 더 깊게 만드는 방향으로 사용된다면, 그것은 단순한 기술적 오류가 아니라 사회적 문제다. AI는 윤리적 판단을 내릴 수 없고, 그 책임은 오롯이 인간에게 있다. 데이터의 균형을 맞추고, 공정한 기준을 설정하는 것은 AI 개발자와 사용자의 몫이다.

결국 AI의 편향 문제를 해결하는 것은 기술이 아니라 우리의 선택에 달려 있다. AI가 만들어 내는 세상은 인간이 설계하는 방향으로 움직인다. 그러므로 AI가 공정한 세상을 만드는 도구가 되길 바란다면, 우리가 먼저 공정한 데이터를 제공하고, 윤리적인 책임을 다해야 하지 않을까? 우리가 어떤 AI를 만들지, 어떤 AI를 사용할지 결정하는 것은 바로 우리 자신이니까.

프라이버시 침해: 감시사회로 가는 문?

요즘 스마트폰을 켜기만 해도 마치 내 생각을 읽은 듯한 광고가 뜬 적이 있는가? "이거 친구랑 어제 얘기했던 건데?" 순간 소름이 돋는다. AI는 단순히 우리가 검색한 것만을 기억하는 것이 아니다. AI는 우리의 클릭, 좋아요, 심지어 머뭇거리는 순간까지 분석해 우리의 다음 행동을 예측한다. 편리한 맞춤형 서비스라고? 어쩌면 AI는 우리보다 우리를 더 잘 알고 있는지도 모른다. 문제는 우리가 어디까지 AI에 노출되고 있는지조차 모른다는 것이다.

편리함과 감시는 종이 한 장 차이이다. 소셜 미디어에 무심코 올린 사진 한 장, 검색창에 적은 한 마디가 데이터가 되어 누군가의 분석 대상이 된다. 하지만 정작 우리는 그 데이터가 어디로 흘러가는지, 어떻게 쓰이는지 알지 못한다. "내 데이터가 내 것일까?"라는 질문에 대한 답이 점점 흐려지고 있다. 만약 AI가 인간의 사생활을 들여다볼 수 있는 능력을 갖추게 된다면, 이는 단순한 기술 발전이 아니라 프라이버시의 붕괴를 의미할 수도 있다.

결국, 우리는 선택해야 한다. AI가 주는 편리함을 그대로 받아들이면서 감시사회의 문을 열 것인가, 아니면 투명성과 통제권을 요구하며 주체적으로 데이터를 지킬 것인가? AI는 우리에게 서비스를 제공하는 역할을 할 뿐, 우리의 삶을 감시하는 눈이 되어서는 안 된다. 이제는 우리가 AI에게 질문을 던질 때다. "내 정보를 어디까지 알고 있지? 그리고 그것을 누가 사용하고 있지?"

저작권 문제: 창작의 경계를 허물다

AI가 그림을 그리고, 음악을 만들고, 글을 쓰는 시대다. "그렇다면 이제 예술은 AI의 몫이 되는 것일까, 아니면 인간만이 할 수 있는 무언가가 남아 있을까?"라고 생각할 수 있다. 과연 그럴까? 문제는 AI가 '무(無)'에서 창작하는 것이 아니라는 점이다. AI가 학습하는 데이터는 인간이 만든 기존의 작품들이다. 그렇다면 AI가 탄생시킨 작품은 누구의 소유일까? AI를 만든 개발자일까, 아니면 AI가 학습한 원작자일까, 아니면 AI를 사용한 사람일까? 마치 무인 자동차가 사고를 냈을 때 누가 책임을 져야 할지 헷갈리는 것처럼, AI가 만든 콘텐츠의 저작권 문제도 풀기 쉽지 않다.

이미 AI 기반 이미지 생성 도구가 기존 작품을 참고해 새로운 그림을 만들면서 원작자의 권리를 침해 했다는 논란이 터졌다. "이거 내 그림인데, AI가 약간 다르게 바꿨을 뿐이잖아!"라고 주장하는 작가들의 목소리가 커지고 있다. AI가 새로운 걸 만들어낸다고 하지만, 결국은 기존 데이터에서 배운 결과물이라는 점에서 완전히 독창적이라고 보기는 어렵다. 그렇다면 AI는 진정한 창작자인가, 아니면 고성능 복사기인가? 이 질문은 단순히 법적 논쟁을 넘어, 창작이란 무엇인지에 대한 철학적 고민까지 확장된다.

AI와 인간이 공존하는 창작의 미래는 과연 어떤 모습일까? 우리는 AI를 단순한 도구로 볼 것인지, 아니면 새로운 형태의 창작자로 인정할 것인지 결정해야 한다. AI가 예술을 넘보는 시대, 이제 단순히 "이건 내 거야!"라고 외치는 데 그칠 것이 아니라, AI 시대에 맞는 새로운 창작 윤리를 고민해야 한다. 어쩌면 인간과 AI가 협력해서 만들어낸 작품이야말로 진정한 미래 예술의 모습이 아닐까?

책임 있는 AI 활용을 위한 가이드라인

AI를 책임감 있게 활용하기 위해, 우리는 다음과 같은 중요한 가이드라인을 반드시 고려해야 한다.

투명성과 설명 가능성

AI가 어떤 데이터를 학습했는지, 그리고 어떻게 결정을 내리는지 명확하게 설명할 수 있어야 한다. 이로써 사용자는 AI를 신뢰할 수 있고, AI의 결과를 이해할 수 있다. 투명성은 단순히 기술적 설명을 넘어, 사용자와 AI 사이의 신뢰를 형성할 수 있는 핵심 요소다.

윤리적 데이터 활용

AI 학습에 사용되는 데이터는 공정하고 편향되지 않아야 한다. 또한 개인정보를 수집할 때는 반드시 사용자의 동의를 구하고, 데이터를 철저히 보호해야 한다. 데이터를 수집하고 사용하는 과정에서 윤리적 기준을 지키는 것은 AI가 올바른 방향으로 작동하게 하는 기본 원칙이다.

책임 공유

AI가 생성한 콘텐츠나 결과물에 대한 책임은 기술 개발자에게만 국한되지 않는다. 사용자와 개발자 모두 책임을 공유해야 한다. 특히, AI가 잘못된 결정을 내릴 경우 이를 누가, 어떻게 책임질 것인지 명확한 구조를 마련하는 것이 중요하다. 이는 AI 활용에 따른 윤리적 문제를 예방하고 해결하는 데 필수적이다.

지속적인 모니터링과 개선

AI 시스템은 개발 이후에도 그대로 방치되어서는 안 된다. 지속적으로 성능을 점검하고, 발생할 수 있는 윤리적 문제를 모니터링하며 개선해 나가야 한다. 이를 통해 예상치 못한 오류나 문제를 사전에 발견하고 해결할 수 있다.

책임 있는 AI 활용은 단순히 기술적 성과를 넘어, AI가 우리의 삶에 긍정적인 영향을 미치도록 방향성을 설정하는 데 필수적인 요소다. 이러한 가이드라인을 지키는 것은 AI가 신뢰받는 도구로 자리 잡는 데 중요한 역할을 할 것이다.

사례: 논란이 된 AI 기반 콘텐츠

AI 기반 콘텐츠는 이미 여러 논란의 중심에 서 있다. 대표적인 사례로 딥페이크(Deepfake)를 들 수 있다. 딥페이크는 AI를 이용해 특정 인물의 얼굴과 목소리를 합성하는 기술로, 처음에는 영화나 코미디 같은 창작 목적에서 시작되었다. 하지만 이 기술이 허위 정보를 퍼뜨리거나 개인을 비방하는 데 악용되며 사회적 문제로 번졌다. 나도 딥페이크 영상이 가짜라는 사실을 확인하기 전까지 진짜라고 믿었던 경험이 있다. 이런 사례는 AI 기반 콘텐츠가 얼마나 강력한 영향을 미칠 수 있는지, 동시에 얼마나 신중하게 다뤄져야 하는지를 보여준다.

공정하고 신뢰할 수 있는 미디어 환경 구축

AI가 중심이 된 미디어 시대에서, 공정하고 신뢰할 수 있는 환경을 구축하는 것은 단순한 선택이 아니라 필수적인 과제가 되었다. AI가 우리의 일상과 정보 소비 방식에 미치는 영향이 커질수록, 기술의 한계와 윤리적 문제를 올바르게 이해하고 대응해야 하기 때문이다. 이를 위해 우리는 다음과 같은 세 가지 핵심 전략에 주목해야 한다.

사용자 교육: 비판적 사고의 토대 마련

AI가 생성한 콘텐츠를 이해하고 비판적으로 소비할 수 있도록, 사용자들에게 AI의 작동 원리와 한계를 가르치는 것이 중요하다. 예를 들어, AI 알고리즘이 데이터에 의존해 편향된 결과를 생성할 가능성이 있다는 점을 이해한다면, 사용자는 더 주체적이고 신중하게 정보를 받아들일 수 있을 것이다. 교육은 단순히 기술적인 정보를 전달하는 것이 아니라, 사용자가 미디어 환경 속에서 스스로 판단할 수 있는 능력을 키우는 과정이어야 하기 때문이다.

정책과 규제: 윤리적 사용을 위한 법적 틀 마련

AI 기술의 윤리적 사용을 보장하려면, 명확한 법적 틀과 규제가 반드시 필요하다. 특히, 데이터 보호와 저작권 문제는 AI 시대의 가장 큰 윤리적 도전 중 하나가 될 것이다. 데이터 수집 및 활용 과정에서 개인의 프라이버시를 보호하는 것은 AI 신뢰의 기본이다. 또한, AI가 생성한 콘텐츠가 기존 창작자의 권리를 침해하지 않도록 저작권 보호를 위한 정책을 지속적으로 업데이트해야 한다. 규제는 기술 발전을 저해하는 것이 아니라, 기술이 공정하게 사용될 수 있도록 이끄는 방향으로 설계되어야 한다.

협력적 생태계 조성: 공동의 책임을 나누다

공정한 AI 기반 미디어 환경을 만들기 위해서는 기술 개발자, 정책 입안자, 그리고 사용자가 함께 책임을 나누는 협력적 생태계를 구축해야 한다. 기술 개발자는 AI가 윤리적 기준에 맞게 작동하도록 설계해야 하고, 정책 입안자는 이를 감독하고 보호할 수 있는 법적 기반을 마련해야 한다. 사용자는 이 생태계의 적극적인 참여자로, 자신의 목소리를 내고 기술의 사용 방향에 영향을 미칠 수 있어야 한다. 이런 협력은 AI 기술이 더 신뢰할 수 있는 방향으로 진화할 수 있는 동력이 될 것이다.

공정하고 신뢰할 수 있는 미디어 환경은 한 개인이나 단체가 아닌, 우리 모두의 공동 책임이다. 사용자 교육, 윤리적 정책 마련, 협력적 생태계라는 세 축을 중심으로, 우리는 AI 시대에서도 신뢰를 바탕으로 한 미디어 환경을 만들어 갈 수 있을 것이다. AI 기술은 거스를 수 없는 흐름이지만, 그 방향은 우리가 선택할 수 있다. 이제, 신뢰와 공정의 기준을 세우는 것은 우리의 몫이며, AI와 함께 더 나은 미래를 만들어 가는 방향을 고민할 때다.

참고문헌

강정수(2024). 『AI 에이전트시대 경제의 주인이 바뀐다』. 더스퀘어.
김시열(2024). 『인공지능과 지식의 소유』. 커뮤니케이션북스.
신성권 외(2022). 『4차 산업혁명과 인공지능』. 팬덤북스.

10
미래를 설계하다: AI, 신, 넥스트 미디어의 비전

우리는 콘텐츠 소비, 창작, 유통의 거대한 변화에 직면하고 있다. AI는 단순한 효율성 향상을 넘어 새로운 미디어 패러다임을 열어가고 있다. 다양한 AI 기술과 사례를 통해 우리는 단순한 발전이 아닌 혁신적 도약을 경험하고 있다. 이제 AI와 "신(Scene)"이 만들어 갈 미래의 미디어의 비전을 정리해보자.

종교와 AI?

AI와 신이 가져올 미디어의 패러다임 전환

미래의 미디어의 핵심은 AI와 '신(Scene)'이 이끄는 패러다임 전환이다. 여기서 '신'은 단순한 장면이 아닌, 콘텐츠와 소비자, 기술과 인간이 어우러져 창조하는 총체적 경험을 의미한다.

과거의 미디어가 시청자에게 콘텐츠를 "보여주는" 데 초점을 맞추었다면, 미래의 미디어는 사용자가 콘텐츠 속에서 "경험하는" 방식으로 진화할 것이 분명하다.

레거시 미디어는 주로 시청자에게 일방적으로 정보를 전달하는 방식으로 작동했다. 신문, 라디오, TV 등 전통적인 매체는 콘텐츠를 소비자의 눈앞에 펼쳐 보이는 역할을 해왔다. 그러나 기술이 발전함에 따라, 미디어의 패러다임은 단순한 '소비'에서 '경험' 중심으로 급격히 이동하고 있다.

이러한 변화의 중심에는 메타버스와 같은 몰입형 기술이 있다. 가상현실(VR), 증강현실(AR), 인공지능(AI) 등의 기술이 결합된 메타버스는 더 이상 사용자가 단순한 관찰자가 아니라, 스스로 스토리를 만들어가는 주체가 되는 환경을 제공한다. 과거 우리는 영화나 게임 속 캐릭터의 여정을 따라갔다면, 이제는 우리가 직접 그 세계 속에서 새로운 삶을 창조하며 경험을 쌓을 수 있다.

AI와 인터랙티브 기술의 발전은 이러한 경험을 더욱 정교하게 만들어 갈 것이다. AI는 사용자의 행동과 감정을 분석하여 개인화된 경험을 제공하고, 이를 통해 몰입감을 극대화한다. 예를 들어, AI 기반의 가상 인물은 실제 사람처럼 반응하며 대화를 나누고, 사용자의 선택에 따라 유동적으로 이야기가 전개되는 환경을 조성할 수 있다. 이러한 기술적 진보는 콘텐츠가 단순한 정보의 전달 매체를 넘어, 감각과 감정을 자극하는 깊이 있는 경험을 제공하는 방향으로 나아가게 한다.

결국, 미래의 미디어는 '콘텐츠' 중심에서 '경험' 중심으로 전환될 것이다. 우리는 더 이상 수동적인 관찰자가 아니라, 스스로 이야기를 만들어가는 창작자이자 참여자가 된다. 이러한 변화 속에서 기술을 단순한 도구가 아닌, 인간의 감성과 창의성을 확장하는 매개체로 바라보는 것이 중요하다. 그리고 이 과정에서 우리는 더욱 풍부하고 의미 있는 경험을 만들어갈 수 있을 것이다.

AI와 인간의 창조적 협업

기술의 발전은 창작 과정에서 새로운 가능성을 열어가고 있다. AI는 단순한 자동화 도구를 넘어 창작자의 영감을 자극하고, 창작의 효율성을 높이며, 더 나아가 인간이

상상할 수 없었던 방식으로 창조적 협업을 이끌어 내고 있다. 창작자는 AI를 활용해 반복적인 작업에서 벗어나 본질적인 창의력에 집중할 수 있으며, AI는 데이터 기반 분석을 통해 새로운 시각을 제공함으로써 창작자의 사고를 확장한다.

AI의 역할은 보조적인 수준을 넘어 창작 과정 전반에 깊숙이 스며들고 있다. 음악, 미술, 문학 등 다양한 예술 분야에서 AI는 기존의 틀을 깨고 독창적인 결과물을 만들어 내는 데 기여하고 있다. 예를 들어, AI는 방대한 데이터를 분석하여 특정 스타일을 학습하고, 이를 기반으로 창작자의 개성을 유지하면서도 새로운 시도를 가능하게 한다. 이는 창작자가 기술의 한계를 넘어 보다 실험적인 작업을 할 수 있도록 돕는 역할을 한다.

특히, 인간과 AI의 협업이 가장 두드러지는 분야 중 하나는 인터랙티브 콘텐츠 제작이다. AI 기반의 창작 도구들은 실시간으로 사용자 반응을 분석하고 즉각적인 피드백을 제공함으로써, 보다 몰입감 있는 경험을 설계할 수 있도록 한다. 이러한 변화는 창작의 민주화를 촉진하며, 누구나 AI의 도움을 받아 자신만의 독창적인 콘텐츠를 제작할 수 있는 환경을 조성한다.

결국, AI와 인간의 협업은 창작의 본질을 변화시키는

것이 아니라, 창작의 경계를 확장하는 방향으로 나아가고 있다. 기술이 발전할수록 인간의 상상력은 더욱 중요한 요소로 자리 잡게 될 것이며, AI는 이를 실현하는 데 필수적인 도구로 기능할 것이다. 중요한 것은 AI를 어떻게 활용할 것인가에 대한 창작자의 태도이며, 창의적인 협업을 통해 더욱 풍부한 예술과 미디어 경험을 창출하는 것이 미래의 방향이 될 것이다.

독자와 창작자의 경계 해체

체험형 콘텐츠의 발전과 함께, 미래의 미디어는 창작자와 소비자의 경계를 점차 허물어갈 것이다. 기술의 발전은 창작 활동을 보다 개방적으로 만들며, 누구나 손쉽게 콘텐츠를 생산하고 공유할 수 있는 환경을 조성하고 있다. 사용자는 더 이상 수동적인 소비자가 아니라, 콘텐츠 생태계의 핵심 구성원으로 자리 잡아 직접 창작하고 기여하는 방식으로 참여하게 될 것이다. 이러한 변화는 크리에이터 경제의 새로운 차원을 열며, 창작의 기회를 더욱 확장시킬 것이다.

새로운 기술혁신은 언제나 기대와 불안을 동시에 불러일으킨다. 인쇄술이 책을 대중화하고, 인터넷이 정보의 흐름을 혁신했듯이, AI는 또 한 번의 패러다임 전환을 예고하고 있다. AI가 가져올 변화 앞에서 우리는 그것을 위협이 아닌 기회로 바라보아야 한다. AI는 단순한 자동화 도구가 아니라, 창의성을 증폭시키고 몰입형 경험을 제공하며, 인간의 가능성을 확장하는 촉매제가 될 것이다.

중요한 것은 AI가 무엇을 할 수 있는가가 아니라, 우리가 AI를 통해 무엇을 실현할 것인가에 대한 질문이다. 기술은 인간의 상상력과 결합될 때 비로소 진정한 혁신을 창출할 수 있다. AI가 반복적인 작업에서 인간을 해방시키고, 창작의 장벽을 낮추며, 보다 깊이 있는 예술적 경험을 가능하게 할 때, 우리는 기술과의 공존을 통해 새로운 미래를 개척할 수 있을 것이다. 변화는 멈추지 않는다. 그것을 어떻게 받아들이고 활용할 것인가에 대한 우리의 태도가 미래의 방향을 결정할 것이다.

변화의 중심에서, 영상 제작자를 위한 길잡이

1차 원고를 마무리할 즈음, 한 학생이 찾아와 상담을 요청했다. 그는 휴학을 고민하고 있었고, 경제적 이유로 학비를 마련하기 위해 1년간 일을 하겠다고 말했다. 이야기를 나누다 보니 그의 고민은 단순히 휴학의 문제가 아니었다. 그는 진로와 미래에 대한 불안, 그리고 인공지능이 자신의 전공을 대체할 것이라는 두려움을 털어놓았다.

"영상을 계속 할 생각인지"를 묻자, 그는 망설이다가 솔직하게 답했다. "사실 그것도 고민이에요. 인공지능이 내가 배우고 있는 것을 대체할 것 같아서, 지금 이 전공을 계속해야 할지 모르겠어요." 그의 말은 마치 내가 이 책을 쓰게 된 이유를 한 번 더 상기시키는 순간 같았다.

그 학생의 두려움 속에는 지금의 영상 제작자와 전공자들이 공통으로 느끼는 고민이 담겨 있었다. 빠르게 변하는 기술과 시장, 그리고 그 변화 속에서 자신의 역할이 과연 유효할지에 대한 막연한 불안. 하지만 나는 그에게 말했다. 인공지능은 위협이 아니라 기회가 될 수 있으며, 인간의 창의성과 열정을 더 크게 발휘할 수 있는 "에이전트"라고.

그와의 대화는 내 시야를 좀 더 확장하고 깊은 인사이트를 제공했다. 내가 이 책을 통해 말하고 싶었던 핵심 메시지는 변화와 두려움 속에서도 스스로를 믿고 나아갈 수 있는 용기를 주는 것이다. 우리의 길은 혼란과 불확실함 속에서 새롭게 열릴 수 있다. 변화는 두렵지만, 그 속에서도 우리는 새로운 가능성을 발견할 수 있다.

마무리하며

알고리즘은 단순한 코드가 아니라, 영상의 흐름을 조율하고 시청 경험을 재구성하는 보이지 않는 편집자다.

인공지능 시대는 영상 제작자에게 도전과 기회를 동시에 제공한다. 이 책의 목표는 단순히 AI 기술을 소개하는 데 그치지 않고, 변화의 중심에서 영상 제작자들이 가져야 할 시각과 태도를 제시하는 데 있었다. 지금 우리가 겪고 있는 격동의 시대에도 누군가는 빠르게 인공지능을 섭렵해서 이를 선점하기 위해 나아갈 것이다. 하지만 이 책은 인간에게 가장 필요한 두 가지 덕목, 인내심과 희소성을 강조하고 싶었다. 묘목이 잘 자라기 위해서는 큰 나무 아래에서 오래 자라야 단단하고 튼튼하게 성장할 수 있다. 인공지능 개발자와 사용자는 이 자연의 진리를 명심하고, 인내심을 갖고 조금씩 인류에게 도움이 될 수 있는 에이전트로 나아가기를 기대해 본다.

기술은 도구일 뿐, 창작자의 역량을 대체할 수 있고 없고의 문제가 아니다. 여러분의 기본기를 다지고 AI를 단순히 혁신적인 도구라고 여기기보다는 협업자 개념으로 활용하며 스스로의 창의성을 극대화하는 길을 걸어가길 바란다. 변화는 두렵지만, 그 안에는 항상 새로운 가능성이 있다. 이 책이 여러분의 여정에 작은 희망이 되기를 바란다.

영상 제작자를 위한 AI 활용과 준비 매뉴얼

추가로, 인공지능 시대를 살아가는 영상 제작자와 학생들은 단순히 기술을 따라가는 것을 넘어, 능동적으로 활용하고 미래를 준비해야 한다. 아래는 구체적으로 실천할 수 있는 가이드다.

현재의 AI 기술 이해와 활용

AI는 영상 제작에서 단순 반복 작업을 대체하고 창작 시간을 단축해 주는 강력한 에이전트다. 현재의 AI 기술을 익히고 실험해보자.

· 활용 가능한 AI 도구 익히기

편집 도구: Adobe Premiere Pro (Sensei 기능), DaVinci Resolve, Final Cut Pro X.

VFX 도구: Runway ML, DeepMotion.

음성/자막 도구: Descript, Otter.ai.

실습 예제: AI를 활용해 홍보 영상의 컷 편집, 자막 삽입, 색보정을 진행해보자.

· AI와 협업 능력 강화

AI가 자동화한 결과물을 평가하고, 창의적으로 보완하는 연습.

AI의 결과물이 의도와 다를 경우 수정 포인트를 찾아 직접 개선.

· AI의 한계 이해하기

AI는 반복적이고 규칙적인 작업에 강하지만, 인간의 의도와 창의성은 대체할 수 없다.

예: AI 색보정과 직접 보정한 결과를 비교해보고, AI의 한계를 분석.

기초 제작 능력 다지기

AI가 발전할수록 제작 과정의 기초를 탄탄히 다지는 것이 더욱 중요하다.

촬영과 스토리텔링: 기본적인 카메라 사용법, 조명 배치, 스토리 구성 능력을 학습하기.

편집 기술 익히기: 컷 편집, 트랜지션, 음악 삽입 등 기본적인 편집 능력을 숙달.

VFX와 색보정 경험: 소프트웨어에 의존하기 전에 작업 과정을 이해하고 수작업으로 실습하기.

미래를 대비한 데이터 활용과 학습

AI는 데이터를 기반으로 학습하고 작동한다. 영상 제작자도 데이터를 다룰 수 있는 기본 역량을 갖춰야 한다.

· 데이터 이해와 활용

프로젝트 파일에 메타데이터를 추가하고 활용하는 연습.
예: 장면별 키워드, 촬영 정보, 태그를 설정하여 AI가 분석할 수 있도록 준비.

· 기본 프로그래밍 학습

Python, TensorFlow, OpenCV 같은 기술을 간단히 익혀 AI와 관련된 작업을 이해.
추천 강의: Google Machine Learning Crash Course, Codecademy Python.

· 데이터 기반 제작 실습

데이터로부터 생성된 결과물을 비교하고, 제작 의도를 반영한 결과로 개선해보기.

창의성과 AI의 융합

미래에는 창의성과 AI 기술의 융합이 필수적이다. 창의력을 키우고 AI를 활용하는 실험적 프로젝트를 시도하자.
매달 한 가지 새로운 콘셉트로 영상을 제작하며 AI를 활용.
AI가 생성한 스토리보드와 자신의 아이디어를 결합한 결과물 제작.
AI가 제공하는 결과물을 다양한 방식으로 조합하고 수정해보는 창작 실험.

AI 시대의 영상 제작자를 위한 체크리스트

· 기술 학습
매달 새로운 AI 도구를 하나 이상 익히기.
기초 프로그래밍 지식 습득 (Python, 데이터 처리).

· 프로젝트 경험
AI 활용 영상 제작 프로젝트 최소 3개 이상 완료.
포트폴리오에 AI를 활용한 작업물과 그 분석 과정을 포함.

· 업계 동향 파악
AI 관련 세미나와 워크숍 참석.
최신 AI 트렌드와 사례를 정기적으로 업데이트.

· 기초 능력 강화

카메라, 조명, 편집 등 전통적인 제작 기술을 꾸준히 연습.

· 커뮤니티 참여

AI를 활용하는 영상 제작 커뮤니티 가입 및 참여.
동료와의 협업으로 경험과 아이디어 공유.

참고문헌

강정수(2024). 『AI 에이전트시대 경제의 주인이 바뀐다』. 더스퀘어.
박태웅(2023). 『박태웅의 AI 강의』. 한빛비즈.
신성권 외(2022). 『4차 산업혁명과 인공지능』. 팬덤북스.
유세문 · 정석현(2024). 『AI와 영상 제작』. 커뮤니케이션북스.
장세인(2024). 『AI를 활용한 쉬운 미디어 콘텐츠 제작하기』. 위메이크북.
조지은(2024). 『미래 언어가 온다』. 미래의창.
유발 하라리(2024). 『넥서스』. 김영사.
제리 카플란(2024). 『생성형 AI는 어떤 미래를 만드는가』. 한스미디어.
헨리 키신저 외(2023). 『AI 이후의 세계』. 윌북.

박인수

한국영상대학교 영상편집제작학과 부교수다. 미시간주립대학교에서 텔레커뮤니케이션 전공으로 디지털 미디어 아트 & 테크놀로지(Digital Media Arts & Technology) 석사 학위를 취득했다. 현재 본교 마이스터대학 영상편집전공 석사과정 전공주임을 맡고 있으며, 아세안 TVET 프로그램의 일환으로 인도네시아 교환학생 대상 영상편집 및 색보정 영어 강좌를 진행하고 있다(2024~2029). 영상편집 이론 및 실습서 『편집의 신(Scene)』(2023)의 저자다. 2019년부터 전 세계 100여 개 영화·영상 대학이 소속된 국제학회 CILECT 위원으로 활동 중이다. 2019년 우즈베키스탄 타슈켄트 정보통신대학교(TUIT) 파견 교수로 현지 영상 전공 학부 수업을 담당했으며, 2014년에는 애플 파이널 컷 프로 10.1 공인 교재 번역을 수행했다.